琉球奇譚
イチジャマの飛び交う家

小原 猛

竹書房
怪談
文庫

取材ノート（まえがきにかえて）

沖縄には独特の文化と信仰があると、よく言われる。そもそも沖縄はチャンプルー（ごちゃまぜ）文化で、中国の儒教や日本の神道や仏教、そして近年は米軍を通してもたらされたキリスト教の影響もあり、さまざまな神様が百花繚乱の勢いでしのぎを削っている。しかしその根底にあるのはやはり、先祖を神様とする先祖崇拝の教えである。

沖縄には山や森が聖域になっている場所がたくさんある。そういった場所をウタキ、もしくはイビと呼ぶ。そういった場所は神聖であり、シジダカドゥクルとも呼ぶ。シジ＝チジともいい、神様の力のことを差す。ダカは高い。ドゥクルはところ、すなわち場所。神様の力の強い場所という意味である。そういった場所が、実に多く存在するのである。

そういった場所も次第に壊されて、埋め立てられて、風景はどんどん変化している。

最近のまことしやかに語られている噂のひとつに、こんなものがある。

とある島の指導者になった人物の話である。彼は指導者になってから、神聖なシマの場所を売り飛ばし、やたら開発を進めてきた。つまりウタキを壊して、ビジネス優先の道をとってしまったのである。その結果どうなったかといえば、まず家族が死に、島は汚され、最終的にその人物も政治から手を引くことになった。事情を知るカミンチュ（神人、神様のために動く人のこと）は口をそろえてこう言う。

「当然の結末」

それではなぜ、当の本人の政治家は、そういった神聖な場所への畏怖の念はなかったのだろうか。それはつまり、心を売ってしまったからに他ならない。島が抱えてきた大事な心を売り払ってしまったのである。とても悲しいことだ。

チムグリサ（心が痛む）。

島の人はそう表現する。だがそれはこちら側、島が売られていくのを見ている人の心である。一方で島を売っている人には、心はすでにない。チム（肝＝心）はないのである。

また沖縄方言に厳密な意味で「悲しい」という言葉は存在しない。

その理由を考えてみたことがあるだろうか?

つまり、現在に至るまで、本当の意味での悲しさは表現する必要がなかったのである。今までは悲しみを乗り越える何かがあった。それが今、欠落し始めているのではないか。筆者はそんな風に考えるのである。


取材中のエピソードを少し書くことにする。

「赤土を食べさせられた話」というのを今回書いた。この話を提供してくださった方は、自分の曾祖母から聞いたと教えてくださったが、この赤土を食わすというのは、沖縄にいるマジムン(妖怪変化)の常套手段である。ヒチマジムンとか、山ジッチーというマジムンが、人をさらって洞窟に閉じ込めて。赤土を食べさせるのである。ついこの前、その誘拐された人が閉じ込められたという穴を見に行った。

現在も残るその穴とは、誰も使わなくなった墓で、古墓《フルバカ》と呼ばれる。中は酷く荒れていて、雨水が溜まっていて、子供用の椅子とプラスチックのカゴが捨ててあった。その時ユタさんと一緒に出かけたのであるが、彼女はそんなヒチマジムンの話を聞いて、こんな説を唱えた。

「私には人間を誘拐するものと、赤土を食わして世話をするものは、まったく別々の存在に思えます。誘拐するものはきっと、時空を捻じ曲げて人を遠くに飛ばす、一方世話をするものは、自分たちの領域に見慣れない人間が入ってきたものだから、どうしていいかわからず世話をする。結果的に世話をしたことがあだになり、それで人は赤土を食べさせられて死んでしまう。そのような感じではないでしょうか」

そしてそれは、未だに沖縄中にいるという。

その後、穴の空いた古墓を取材した話を、ある新聞記者に話したら、実はその古墓に行ったことがあるという。実は古墓は家出をした人や浮浪者のたまり場になる場合があるという。そして、そこにまつわる奇妙な話も聞いた。これは物語としてまとめたので、この本の中に書かれている。

それから今回はイチジャマの話を沢山収録した。イチジャマとは方言で生霊《いきりょう》のことを差す。生霊は何も、うらみつらみばかりではない。相手の事を知りたいと思う心が飛ばす場合もある。最終的にそれは相手の心を苦しめ、それは自分にも帰ってくる。沖縄ではイチジャマは昆虫に乗る。死んだ人の良きマブイ（魂）は美しいハベル（蝶）やアーケイジュ（赤とんぼ）に乗る。悪しきもののマブイ、すなわちイチジャマは、カナブンやカマキリ、バッタなどに乗るという。沖縄の古い言い伝えでは、そういったものが自分の家の中に入った場合は、動物なら尻尾を切り落とし、昆虫なら触角を焼いてから、家の外に出すという。それはその昆虫をあやつる主人に、お前の正体はもうばれているということを知らしめるためであり、運ばれてきた呪いを消し去る意味があるという。

呪いやイチジャマは本当にあるのだろうか。少なくとも、幽霊を信じるものより、イチジャマを信じるもののほうが、数が多い気がするのは私だけであろうか。執筆しながら、そんなことをずっと考えていた。人間はきっと不完全な上にバランスを壊した存在なので、その隙間を埋めるために他者に対してイチジャマを飛ばしたりするのだろう。そして飛ばしたものたちの末路も千差万別である。

ここにまとめたいくつかの話を信じてもらってもそうでなくても、私はどちらでもよいと考えている。重要なポイントは、現代においてもこのような呪いや生霊を信じている人たちが確かに存在するということ。このことに尽きる。それを信じている人が生きている限り、怪談は生まれ、そして語り継がれていくのである。

二〇二一年七月二十二日　著者記す

目次

儒良《ジュゴン》

沖縄ではジュゴンのことをザンとも呼ぶ。

ザンとは想像上の動物、人魚のことでもある。

ジュゴンは漢字で書くと儒良と表記される。ジュゴンは昔から珍重され、その肉を食らうと不死になるといわれていた。石垣のパナリ島（新城島《あらぐすくじま》）には、ジュゴンの神社があるくらい、人々にとっては信仰の対象になる、神聖で貴重な動物だった。

そのジュゴンの剥製が、とある博物館に今も保管されている。

学芸員の島さんは、自分の博物館でジュゴンの展示を行うため、その剥製を別の博物館から借りてくることになった。

ジュゴンの剥製が保管されている博物館まで行き、それを感謝して受け取ると、後部に慎重に積み込んで、車を発進させた。

ところが途中で強烈な睡魔に襲われた。

「なんだよ、昨夜ばっちり眠ったじゃないか」

睡魔を振り払うようにメントールのキャンディを舐め、音楽をかけ、気を散らそうとした。ところが殺人的な睡魔が波のように襲ってくる。もうダメだと思い、車を路肩に停車させ、シートを倒して目をつぶった。

途端《とたん》に島さんの記憶は飛んだ。殺人的な眠気に襲われて、島さんは五時間ほど、車の中で眠ってしまった。

「冗談じゃないぞ！」

すぐに起き上がったが、意識は朦朧《もうろう》としてなかなか正気に戻らない。島さんはそれでも慎重に運転して、なんとか自分の博物館までたどり着くことができた。

それを同僚の親慶原《おやけばる》さんに話すと、若干馬鹿にされた。

「先輩、絶対昨日飲みすぎたでしょう。隠すことないっすよ」

「いや、昨日は九時間も眠ったんだ。酒も飲まんかったし」

「はいはい、わかってます。おやすみなさい。あとは俺が運んどきます」

そう言って親慶原さんは車の鍵を受け取ると、駐車場に降りて、ジュゴンを台車に載せて展示室まで丁寧に運んだ。

展示室まで台車を押していくと、急に親慶原さんの意識を睡魔が襲った。

「えー、マジかよ。眠い……」

身体が立っていられないくらいにグルグルと揺れるので、仕方なく親慶原さんはその場にしゃがみこんだ。

そしてそのまま、死んだように眠ってしまった。

目が覚めると、すでに三時間は経過している。びっくりした親慶原さんは、急いで事務所に戻った。他の職員が自分を探していると思ったのだ。

ところが事務所に戻ってみると、他の三人の学芸員たちはそろって、デスクに突っ伏すようにして眠り込んでいた。

「どうしたんすか」

思わず親慶原さんはそう漏らしたという。

あとで聞くと、詳しいことは覚えていないが、急に睡魔が襲ってきて、三人ともそのまま意識を失ってしまったのだという。

「まるで魔力があるような感じでしたね。というか、実際に魔力がかかっているみたいな気がします。まあ、さもありなんですよね。食べたら不老不死になる動物の、その剥製なんですから」

親慶原さんはそう語った。

スージグヮーの子ども

首里《しゅり》のスージグヮー（細い通り道）に、いつも後ろ向きに立っている、みすぼらしい格好の子どもがいた。照屋さんは小学校に向かう際に、いつも気になって仕方がなかった。学校に行くそぶりも見せず、何度か声をかけたが、振り向きもしなかった。友達に言っても、「そんな奴いないよ」と言うばかり。でも不思議と怖い感じはしなかった。

年齢は当時の照屋さんと同じ、十歳ぐらいだったという。

その子が立っているのは決まって朝で、昼間や夕方に姿を見たことは一度もなかった。

しかし十月のある日のこと、学校からの帰り道にスージグヮーを通ると、その子がやはり背を向けて道に立っていた。時刻は四時半ぐらいだった。

「ねえ、何してるの？」

照屋さんは声をかけた。

アッインダ、と相手が言った。

「そうなの？　うち来てカキ氷でも食べる？」

アリガトウ、と相手が言った。

照屋さんはそのまま子どもと一緒に家に帰った。シングルマザーで一人っ子だった照屋さんは、母子で住んでいる木造アパートの部屋へと彼を案内した。玄関で見ると、相手が靴を履いていないのがわかった。

「靴ないの？」

ナクシタ、と相手は答えた。

それから卓袱台《ちゃぶだい》のところに相手を座らせ、自分は手回しでカキ氷を造った。

「シロップ何にする？　イチゴ？　ブルーハワイ？」

イチゴ、と相手が言った。

照屋さんはカキ氷にシロップをかけ、相手に差し出した。

ところが相手はニコニコしながら見つめるばかりで食べようとしない。

「どうしたの？　カキ氷嫌いなの？」

ウウン、ココニイテモイイ？

「いいよ、お母さんにも言っておくね」

イワナイデ。

そう言うと相手は、照屋さんの洋服が入っているタンスの扉を開け、服の中にスルスルと入ってしまった。びっくりして見ていると、開いた扉が勝手にバタンと閉じた。

すぐさま洋服ダンスの扉を開けて中を確認したが、そこには誰もいなかった。それからしばらくして母親が帰ってきたが、照屋さんはその子と約束をしたので、何も言わなかった。しかしテレビを見ていても宿題をしていても、やはり洋服ダンスが気になって仕方がない。何度もチラチラ見たり、意味もなく扉を開けたりした。

母親は変だと思いながら何度か聞いてきたが、照屋さんはその度にごまかした。

さて次の日のである。照屋さんが起きると、全身が動かない。三十九度の高熱を発していた。

「まあどうしたのかしらね。あんたさ、昨日おかしなことしなかった?」

「してないよ」

「じゅんにな(本当に)?」

「本当だよ」

「母さんは鼻が利くの。どうも昨日の晩から部屋の中が焦げ臭いんだけど」

「どうして？」

「知らん。けど焦げ臭いさ。火事でもあったみたいに」

「知らないよ」

「あんたさ、何か連れてきたね」

「知らないよ」

「どこにいるの、それ？」

「うーんとね、洋服ダンスの中……」

それを聞くと、母親は怒ったように洋服ダンスの中の服を洗濯のバスケットに突っ込むと、開いた空間に向かって一握りの塩を撒いた。

「あんたさ、何を連れてきたのかわからないけれども、それは昨日連れてきたのか？」

「そうだよ」

「昨日はよくない。だって十月十日だよ。知ってるかい？」

「知らないよ」

「あんたフラー（バカ）だね。十月十日は那覇大空襲といって、この辺一体が火の海になって燃えた日なんだよ。何千人も死んだからさ、死んだ人がゴロゴロ道に出るわけさ」

「ふうん、そうなんだ」

そう母親から言われても、同年代の子どもを連れてきたとは決して言わなかった。母親が薬局に薬を買いに行った際に、起き上がって洋服ダンスの中を開けて、こう言った。

「もう大丈夫だよ、出てきていいよ」

しかし相手は返事をしなかった。

「ねえねえ、ミニカーで遊ばない？」

返事はなかった。

それから次の週、粗大ゴミの日に母親は洋服ダンスを捨ててしまった。ロープでグルグル巻きにして扉が開かないようにしてあった。まだまだ使えるし、十分綺麗だった。最後に扉のところに、神社で買ったお札を糊《のり》でペタンと貼り付けた。

「さわったら殺すよ」

母親がドスの効いた声でそう言った。

それからスージグヮーに子どもが立つことはなくなった。

通り過ぎる子ども

昔、第二公設市場と呼ばれていた場所近くに、それはいた。

近所でクリーニング店を営んでいた仲座《なかざ》みゆきさんが、ある日の午後、三輪バイクでその場所を通りかかると、バイクの目の前を子どもらしき影が凄い勢いで通り過ぎていった。仲座さんはハッとして急ブレーキをかけた。

「アイエーナー（なんだろう）、一体どこのヤナワラバ（わんぱく小僧）かねー？」

仲座さんはその子どもを叱りつけてやろうと、通り過ぎていった影を睨みつけた。

すると、それは文字通りの影であった。真っ黒な子どもの姿をした影のようなものが、両手を上に挙げて、まるで何かから逃げていくように走り去っていった。

その影は向こうからやってきた白いライトバンの真ん中を通過すると、さらにその先の商店街へ向かっていくのが見えた。

その時、仲座さんは、その影が戦時中に空襲で焼け死んだ子どもの魂なのではないかと、ぼんやりとそんなことを思った。

「もしもう一度あの子どもに会ったら、何かおいしいものでも食べさせてあげたかったけどね。もうあれから二度と見ないよ。天国に上がっていったのなら、それはそれでいいんだけどね」

仲座さんはそんな話をしてくれた。

黒牛

宮古島の下里《しもさと》通りに住んでいたエリカちゃんは当時七歳、民謡が大好きな可愛らしい女の子だった。ある時母親からこんなこと言われた。

「エリカよ。砂川さんの店に行って、牛さんありがとう買ってきて」

「はあい」

お金を受け取ると、彼女は家から出て、歩いて五分のところにある商店までお使いに出かけた。当時宮古島で島内生産されていた「牛さんありがとう牛乳」という商品が、エリカちゃんたち一家のお気に入りであった。

砂川商店よりも五十メートルほど手前に、昨日までシャッターが閉まっていた店があった。以前はTシャツ屋だったと記憶している。そこのシャッターが開いて、中に大きな黒い牛がいた。

「わあ牛さんだ！」

牛は何度も見たことはあったが、下里で見たことはあまりなかった。牛はどちらかというと少し離れた城辺《ぐすくべ》とかそういった集落で見たことはあった。それに店舗の中に牛がいるなんて、初めてだった。

お使いのこともすっかり忘れ、そろそろと牛に近づいたエリカちゃんは、牛さんに話しかけた。

「牛さん、どうしたの？　ここが牛さんの家なの？」

すると牛がこちらを振り向いて、はっきりとした男性の声で言った。

「ンギャマス（うるさい）」

びっくりしたエリカちゃんは動けなくなった。その場に立ち尽くし、怖さでブルブルと震え始めた。それからすぐにわき目も振らずに走り出し、息を切らしながら砂川商店へとたどり着いた。

「あれ、エリカちゃん、どうしたの？」

すぐに砂川のおばさんが出てきて、そう聞いた。

「牛が喋《しゃべ》りよった！」

あまりにもエリカちゃんが号泣するので、一緒に道を引き返した。

エリカちゃんが怖がって、ある場所を指差した。そこには背広を着た不動産屋の若い男性が、内見をしにきた若い男女に店舗を見せている最中だった。

「牛はいないでしょ」と砂川さんが言った。

エリカちゃんはそれでも怖くて、泣き続けていた。


現在四十歳になったエリカさんの記憶だと、その後空き店舗を借りた男性は後日ピンザアブ遺跡の近くで自殺しているのが発見された。今でも黒い牛のことが忘れられず、それ以来大好きだった牛さんありがとう牛乳も飲めなくなってしまった。後日その店舗の前でヒラウコー（沖縄の線香）を焚いているオバアを見たことがあるが、怖かったエリカさんは知らない振りをしてそのまま素通りしたという。

集められたイチジャマ

もともと何もない空き地だった。そこを安里《あさと》さんの父親が全部買い取った。すでに安里家には大きな家があり、息子家族も娘家族も、それぞれ家を持っていた。なので家族全員、一体なぜ父親がそんな百坪もの土地を買うのか、まったく意味がわからなかった。

「ここはすぐに必要になる」と父親は言った。

父親はその土地を購入すると、まずコンクリートブロックで壁だけ作り、外から中が見えないようにした。そして土地の真ん中に、高さ四十センチくらいの指先の形をした琉球石灰岩を一つ置いた。

「これはなんのため？」と息子である安里さんが尋ねると、父親は答えた。

「イチジャマをここに集める」

「どうやって？」

「この石は霊石で、首里の戦争で燃えた寺にあったものだ。お前はこれから会社経営をして忙しくなる。他者からフツ（口の意味）で念を飛ばされることもあるだろう。だから父親からのせめてもの贈り物だ。五年経ったら家を建てるといい。それまでお前以外、誰もここに入らないようにしなさい。特に霊石は絶対に動かさないように」

そんなことを安里さんは父親から言われたのを覚えている。

だからその後五年間、ほとんどこの土地には立ち入らなかった。一年に一度だけ、草刈機を担いで土地の雑草を刈った以外、本当に人が足を踏み込まない土地であった。

やがて四年目で安里さんの父は亡くなり、五年目で安里さんの会社は大きく発展した。安里さんは父の意志を受け継ごうと、その土地に家を建てることにした。

久しぶりにその土地に入ると、雑草が人の背丈くらい茂っていた。

その中をまっすぐ進み、霊石が置いてある場所までたどり着いた。それがよく見えるように雑草を手でかき分けてみて、安里さんは非常に驚いた。

霊石は高さ四十センチくらいの琉球石灰岩であったが、設置した時は単なる指先のような形だった。

それが明らかに人の顔の形になっていた。

上を向き、悲痛なうめき声を上げている男性の顔だった。目も鼻も大きく開いた口もはっきりとわかった。

そこに家を建てるつもりだったのだが、安里さんは今に至るまでそこをどうするか迷っている。なぜなら五年間は触るなと父親は言ったのだが、その霊石をどうするかについては、まったく教えてくれていなかったからである。

霊石は次第に雨風に削られて、今ではまた違う、悲鳴を上げる女性のような顔つきになっているという。

スパイ

具志川市《ぐしかわし》に暮らす、仲宗根《なかそね》さん一家に伝わる話である。

仲宗根家には、明治生まれの朝牛《ちょうぎゅう》さんというオジイがいた。

朝牛オジイは昭和五十年に亡くなったのだが、その際にいろいろと不思議なことが起こった。

仲宗根家には広い庭があり、そこからいろんな虫が家の中に入ってくることがあった。

朝牛オジイは虫を見つけて、もしそれに触角があるのならば、それをライターで燃やしてから、庭に放した。その際、必ずこう言うのを忘れなかった。

「さっさとお前を送り込んだ主人の下に帰れ。二度と来るんじゃない」

当時、それを間近で見ていた孫の久恵さんは、恐くて仕方がなかった。特に緑のバッタを見ると、朝牛オジイは怒りと嫌悪の入り混じった表情でそれを見つめ、触角を焼いては庭に放った。

ある時、久恵さんは朝牛オジイからこんな話を聞いた。

「久恵よ。私たちのお墓のすぐ上に、雑草ボーボーの汚い古墓があるのを知ってるだろ。このバッタはそこから全部来てる。だからオジイは触角を燃やして送り返すわけさ」

「どうして古墓の人がバッタを送り込むの？」

「これは古い話なんだが、あの墓はうちの先祖が関係したある事件がもとで、王様に首を切られた一家が埋葬されている。だから今も恨みがあって、バッタを使って我々一家をスパイしているわけさ」

それを聞いた久恵さんは、心底恐怖を感じた。道でバッタを見ても、恐くて触れないほどだった。


そして最近の話である。すでに朝牛オジイも亡くなり、仲宗根家の墓でシーミー（清明祭）をしていた時のこと。いきなりトノサマバッタの群れがやってきて、仲宗根家の人々に体当たりをしてきた。

まさかと思い、上にある古墓に登ると、墓の表面にびっしりとトノサマバッタが張り付いていた。

後日、役所にその墓の持ち主について聞いてみたが、あまりに古すぎて誰のものか今だにわからないという。

アラドコロ

その日の宮古島はいつになく暑い一日だった。宮里のオジイは自分の畑から帰ると、木造の築八十年の家に戻り、長靴を脱いで家に上がった。

するど畳の上に真っ白な人が座っている。

全体的にヌメヌメした感じがあり、宮里のオジイは最初、真っ白なビニールの袋を被った人間が座っていると思った。どうやら相手は木製の低いテーブルの前に正座しているらしい。

「えーと、どなたですかねえ……」

そう言って宮里のオジイは顔を覗《のぞ》き込んだ。だがそこには何もなく、ただ白い顔面が広がっていた。

のっぺらぼうだった。

「アッガイタンディ（なんてこった）！」

宮里のオジイはそう叫ぶと、畳の上に腰を抜かして落ちるように座り込んだ。

相手はしばらく、首だけ宮里のオジイのほうに動かしたが、正座したまま動かない。と、外から自治公民館の流す夕方六時の時報とアナウンスが聞こえてきた。

その音に溶け込むようにして、相手は徐々に姿を消していった。

びっくりして宮里のオジイが相手が座っていた場所を見ると、畳の上に丸い水溜りが出来上がっていた。

それから何日かあと、宮里のオジイが昼食を食べていると、家の中にいきなり野ネズミが入ってきた。びっくりしたオジイはとっさに手元にあった新聞紙を棒状にすると、家の中からそいつをたたき出してやろうと立ち上がった。

すると野ネズミは、いきなり飛び上がったかと思うと、宮里のオジイの視線のあたりの高さで固まった。宮里のオジイが恐怖におののきながらそれを見つめていると、野ネズミはいきなりグチャッと潰れて、そのまま畳の上に血だらけになって落ちてしまった。

しばらく恐怖を感じて、宮里のオジイは動けなかった。

そんなことが続いたので、ある日、宮里のオジイは村のカンカカリャ（神がかり）の女性を連れてきて、家のお祓いをしてもらうことにした。家に入るなり、カンカカリャはこんなことを言った。

「宮古島旧記という本はあるか？」といきなり彼女は言った。

「あるよ」

「見せて」

そこで宮里のオジイは、本棚から宮古島のかなり古い歴史書であるその本を取り出した。ちょうど一週間前に島の古本屋で買ったものだった。

カンカカリャは手に取ると、ページをパラパラめくり、こう言った。

「捨てなさい。この本の内容が悪いのではない。前の持ち主が悪い。この本に呪力があるから、この家がアラドコロ（マジムンの場所）になった」

そこでその本を庭で焼くと、それ以来、おかしなことは起こらなくなったという。

しかし不思議なことが一つあって、庭で本を焼いて以来、庭にいる野ネズミが、家の中に怖がって入ってこようとしないという。もっと言うとネズミだけではなく、スズメもカケスも入ってこないという。先日は孫の連れてきたトイプードルまで、以前は家の中でクーンクーンと鳴いて懐いていたのだが、家の敷地に入るなり、唸りながらキャンキャンと吼えまくった。

宮里のオジイは、これはいいことなのか悪いことなのか、よくわからない。

カミミチ

沖縄の各集落には必ずといっていいほどウタキがある。そのウタキ周辺の道、あるいはウタキへ通じる道のことをカミミチという。

桃原《とうばる》さんの集落にもカミミチがあった。カミミチは神様が通る道だといわれ、葬式の場合は遺体を運ぶためにその道を通ってはいけないといわれていた。

昭和四十一年のこと。桃原さんの曾祖母である桃原トヨ子さんが亡くなった時、家から火葬場まで霊柩車に載せて遺体を運ぶ際、他の道がすべて工事でふさがってしまっていた。それを知った町内会長の崎山さんは困ってしまった。

「カミミチは絶対葬儀で通ってはいけないことになっている。どうにかして工事をやめさせよう」

そして工事の会社に電話をして説明をしたが、どちらも大きな穴を掘ってしまっているので、三日待ってもらえれば穴を埋めて、一時的に車が通ることは可能だという。しかし葬儀は三日も待つことはできなかった。

「仕方ない。今回は特別にウタキの神様にお許しをいただいて、通してもらうことにしよう」

そこで町内会長や桃原さんたち親族が集まり、クワッチー（ごちそう）を持ち寄って、ウタキの神様に挨拶にいくことにした。ウタキは集落の裏山の一番上にあるのだが、その「お通し所」と呼ばれるものが、桃原家の前のカミミチをまっすぐ行った場所にあった。小さな祠《ほこら》で、神様のよりしろになるビジュル（霊石）が祀《まつ》られている。

まずクワッチーがお供えされ、続いて町内会長が神様に喋り始めた。

「集落の神様。すいませんが道路が工事中で、桃原トヨ子さんのご遺体を火葬場まで運ぶのに、あなた様のカミミチを通らなければなりません。私どものご無礼をどうかお許しください」

そうして一同が頭を下げた。

それから三時間後、霊柩車が集落のカミミチに入ってきた。棺桶を親族で担いで霊柩車の中に納めた。桃原さんはその後ろを他の親族を乗せて、自分の車を運転してついていく役目だった。

やがて霊柩車が長いクラクションを鳴らすと、ゆっくりと動き出した。と、思うまもなく、ガクンと前のめりになり、停車した。

「どうしたんだ？」

しばらくすると運転手がドアを開けて出てきた。桃原さんも車を降りて霊柩車のほうに向かった。運転手がしきりに葬儀社の人間と話をしていた。

「車が急に動かなくなったんです。エンジンもかからないし、どうしたらいいのか……」

何度やっても、車はウンともスンともいわなくなってしまった。

その時に町内会長がいきなりこんなことを言った。

「カミミチに霊柩車が入ってきて、神様がすごく怒っている。だから棺桶をカミミチの外まで人力で運ぶしかない。そこまで運んだら、神様も許してくださって、霊柩車も動くに違いない」

まったく根拠のない提案であったが、他に方法はなかった。そこで棺桶を霊柩車から出して、カミミチの終わりまで運んだ。それを確認した運転手が霊柩車のエンジンをかけると、一発でかかった。

やがて霊柩車はカミミチの外れまで来ると、棺桶を載せて、火葬場へと走り出した。桃原さんもすぐに車に戻り、親戚を乗せて火葬場まで走り出した。

残された集落の人たちは、すぐさまカミミチを葬列が通ったことに対しての非礼を詫び、ウタキにお参りした。


そのウタキも平成になってからの区画整理で、お通し所だったものは撤去されてしまった。カミミチであった場所も変更されてしまい、今は一部が残るのみで、あとは住宅になっている。町内会長の崎山さんも亡くなり、集落の中でもカミミチの存在を知るものは少なくなった。

つい最近のことである。

カミミチだった場所に造られた一戸建てに住んでいた一人の男性が亡くなった。出棺の日に霊柩車が集落の中に入ってきたが、いざ出棺となった時に、霊柩車のクラクションが故障したのか、ブオーンと鳴り続けたまま止まらなくなってしまった。

「カミミチの祟りだと思う。こういう時は棺をカミミチの外に出さないと終わらない」

当時を知っている桃原さんがそう提案した。その場にいたお年寄りたちが騒ぎ出したので、みんなで協力して棺桶を担いで集落の出口まで運んだ。するとすると何も無かったようにクラクションは鳴り止んだという。

ウタキはなくなっても、神様はまだいるのだと、桃原さんはそう思っている。

スーコー

ある時、ミキさんの祖父のスーコー（焼香）があった。仏壇へ行き、焼香をするのであるが、それが終わった時から、異様な肩の痛みがミキさんを襲うようになった。最初は左腕の痛みであったが、それが這うように上がってきて、まるで針で刺されているかのような、あるいは万力で締め付けられているかのような痛みが肩を襲った。サーダカー（霊感のある人）のミキさんは、法事などで時折そのような日に遭うことがあったが、今回は特に痛みが酷かった。

それは接客業をしている彼女にとって、非常に困ったことであった。お客さんの前では痛みなどないように気丈に振舞ったが、それでも痛いものは痛いのである。

先祖がノロであったミキさんは、仕事中あまりに痛いので、「ノロのオバアちゃん、助けて！」と何度も心の中で嘆願した。それでも痛みは一向にひかない。

スーコーからしばらく経ったある日のこと。痛みを我慢しながら仕事をしていると、何人もいる店内のお客さんの中で一人だけ、おかしな光を放っている人を見つけた。

それは少し離れた場所にいるオバアで、なぜかニコニコしながらミキさんを見つめていた。なんだか変なオバアだなあと思っていると、ミキさんの目の前で、そのオバアはパッと消えてなくなってしまった。

その瞬間、あんなに酷かった肩の痛みが、嘘のように取れた。そのオバアが一体誰だったのか、果たしてノロの先祖の誰かだったのかは、今のところわかっていない。

マーターガーター

朝子さんの家には、大きなバナナの木があった。まだ小学生の頃の朝子さんは、背が低いのでたわわになるバナナの実には手が届かない。なので、よくオジイにマーターガーター（肩車）してもらって、バナナを取った。

マーターガーターしてもらったオジイの背中と髪の毛には、いつもタバコの匂いが染み付いていた。ヴァイオレットという沖縄でしか手に入らない銘柄のタバコである。

朝子さんが学校から帰ってくると、オジイはこのタバコを吸いながらよく話しかけてきた。

「あさこーは、いじめられんかったかー？」が口癖だった。

オジイはいつも孫である朝子さんのことを気にしてくれて、彼女もそんなオジイのことが大好きだった。

そのオジイも、八十歳あまりの長寿を全うし、彼女が小学校五年生の時にこの世を去った。

朝子さんも成長し、大学生になった。

その時付き合っていた彼氏が運転するバイクの後ろに乗っていた彼女は、彼氏が運転を誤り交差点で転倒してしまい、道路に投げ出された。すぐに救急車で運ばれたが、意識不明の重体になってしまった。

一週間、意識をなくしていた朝子さんは、その間にこんな夢を見ていた。

朝子さんは庭のバナナを取ろうとしているのだが、うまくいかない。と、そこへ死んだオジイが突然現れて、彼女をマーターガーターして、無事にバナナを取ることができた。オジイは無言で彼女を乗せたまま歩き出した。家を抜け、どこかの山を飛び越え、海の上を歩いた。するとオジイの声が聞こえた。

「あさこーは、いじめられんかったかー?」

「うん、大丈夫だったよ」と朝子さんは答えた。

「オジイはいつもそばにいるからなー」

「わかってる。知ってる。ありがとうね」

「お前が届かない時には、いつでもマーターガーターしてやるよー」

オジイの背中と頭髪には、いつものヴァイオレットの匂いが染み付いていた。その匂いを感じながら、背中でそのまま眠ってしまった。

気がつくと、病院にいた。当然だがオジイはいなかった。

いや、いなかったが、いるような気がした。

病室のどこかにいて、こちらをじっと見ているような気が、確かにしたのだ。

朝子さんは、きっと死んだオジイが助けてくれたのだと思い、退院するとすぐに仏壇に手を合わせてお礼を言った。

すると、どこからともなく嗅ぎ慣れたヴァイオレットの匂いが漂《ただよ》ってきて、線香の匂いよりもきつくその場に漂った。そこには誰もタバコを吸うものはいなかった。

「ああ、オジイだ」と彼女は思った。

いないようで、いる。彼女はそんな風に感じた。

それが生者と死者の距離感なのだろうと、朝子さんはそんなことをふと思った。

今では彼女が自分の娘をマーターガーターしてやり、庭のバンシルー（グアバ）の実を取る手伝いをしてやっている。そこにもやはり、いないようで、いるのである。

七色の羽

ある時、神谷家の庭に大きな水溜りができた。真夏の日照りが続く、蒸し暑い日のことである。雨が降った気配もなく、周囲はまったく濡れていなかった。庭の一角だけが、二メートル四方にわたって、ちょっとした池のようになってしまっている。

「この水はどっから来よったんかね」

神谷家のものたちはそんなことを呟きながら水溜りの周囲を見てみたが、水源となるようなものは見当たらず、ちょっと遠くにあった水道の蛇口も閉まったままだった。

ふとその時、水溜りに目をやると、なにやら七色に輝く美しい羽のようなものが横切るのが見えた。一瞬だったので、水の上に張った油の膜のせいかと思ったが、どうやら違う。

その羽は七色に輝きながら、水溜りの上を飛んでいた。

ところが水溜りの外側には、澄み切った青空しかない。鳥などどこにもいない。それは白鳥ぐらいの大きな鳥の羽で、七色に輝きながら水面の上を何度も何度も横切ったという。水溜りは三日後にはすっかりなくなり、地面はすっかり乾ききってしまった。

今でもあの鳥がなんなのか、神谷家のものにも理由がわからない。

カマドさんちの蛇神さま

那覇市のカマドさんというオバアのもとに、ある日双子の妹のウシさんから電話がかかってきた。妹のウシさんは、宮古島では有名なユタでもあった。

「実はよ、うちに昨日、蛇神さまがやってきて、自分が世話になっていた那覇の神人《カミンチュ》が死んだって言うわけさ」

妹のウシさんは、電話口で早口言葉のようにそんなことを言った。

「ええ？　蛇の神様な？」

「そうだよ、蛇の神様だよ。蛇神さまはそれまで、那覇のある神人のところにいたんだけど、その方が亡くなってしまい、それで行くところがないから、しばらく私を預かってくれんかねって、こう言うわけさ。でも私は忙しいし、神様もいっぱいついているから、カマドよ、あんた、預かってくれんかねえ」

「馬鹿を言うんじゃないよ。ワッター（私）はヤー（あなた）と違ってユタじゃないよお。そんなの困る」

「えー仕方がないさー。姉だったら大丈夫だからって、蛇神さまに言ってしまったさー。とにかく、よろしくねぇ」

そう言ってウシさんは一方的に電話を切った。

カマドさんは大変困ってしまった。自分はユタでも神人でもないし、そんな能力もない。でも妹の頼みごとを無視するわけにはいかない。仕方がないので、次の日から家の仏壇に蛇神さま用のお水と塩を置いて、毎日拝むことにした。

そんなある日、居間のお客さん専用のざぶとんの上で、三メートルほどの大きなアカマタが、ワイドショーを見ながらとぐろを巻いていたという。

「あれー、あんたが蛇神さまかねえ」

びっくりしたカマドさんはそういって横に座った。

そのアカマタは昼の十二時から三時ごろにテレビのある部屋に現れるので、「ワイドショー好きの蛇神さま」と名づけられた。

ある時カマドさんは、家の電子レンジが壊れたので、ものは試しと蛇神さまに直してくれとお願いした。すると、スイッチを入れてもウンともスンとも言わなかった電子レンジが見事に復活した。

「ありー、あんた凄いやっさ。素敵な神様だねー」

すっかりカマドさんは蛇神さまの虜《とりこ》になってしまった。

次の日のこと。知り合いのメガさんというオバアが昼過ぎにやってきて、泣きそうな顔で自転車が盗まれたと相談に来た。

「サンライズ那覇近くのパチンコ屋に停めていたわけよ。パチを打ってだいたい一時間ぐらいの間さ。出てみると、パチンコも二万円負けた上に、自転車がないさー。もうね、涙も出ない。悲しい。老人の楽しみの足を奪うなんて、世も末だねえ。警察も行きよったけどさ、防犯登録していないものは、探し出すのが難しいって」

相手がシクシク涙を流しながら言うものだから、カマドさんも一緒に悲しくなって、泣いてしまった。メガさんが帰ったあと、テレビの前に座ると、卓袱台の下にアカマタがとぐろを巻いていた。

「ちょっと、あんた！　大変さ！」カマドさんはアカマタに話しかけた。「うちの友達のメガさんの自転車が盗まれてしまったさ。どうしたらいいかねえ。どこにあるか、あんたわかるね？」

するとアカマタは鎌首《かまくび》をもちあげて、ヒョコヒョコさせたが、すぐにどこかへ消えてしまった。

その夜、カマドさんは夢を見た。それは第二公設市場の横の電柱に停めてある一台の自転車の映像であった。それがどう考えてもメガさんの自転車っぽい。目が覚めると大急ぎでメガさんの携帯に電話をした。

「あんたさ、夢を見たよ。第二公設のそばにあるっていう、そんな夢だったよ」

それから一時間後、メガさんから興奮した口調で電話があった。

「あんたよ、あったさー自転車。すごいねー。あんた、いつからユタグトゥ(ユタの事)をするようになったたぁ？」

「ううん、私じゃないよお。宮古島の妹さ」

話の顛末を全部喋ると面倒だと思ったカマドさんはそんな風に説明した。メガさんは感謝してもしきれないくらいの喜びようで電話を切った。

「あんた、凄いねえ」

アカマタに向かって、カマドさんは言った。

「今夜はあんたの好きなものを食べさせてあげようねえ。何が食べたい？　それともヒラウコーだけでもいいのかねえ？」

アカマターは鎌首をヒョコヒョコさせただけで、何も伝わってこなかった。

その日の夜、ウシさんから電話がった。

「カマドよ、蛇神さまはもう、別のカミンチュに引き取ってもらったから、大丈夫よ」

「大丈夫って、うちでもう少し引き取ってもいい感じさ」

「ああん、ダメであるよ。蛇神さまは次の仕事があるって。じゃあね」

そういって一方的に妹は電話を切った。

すると次の日から電子レンジは再び故障して、新しいものに買い換えざるを得なくなった。それから居間にはぱったりと蛇は現れなくなってしまった。

「なんだか寂しいねぇ」

今でも蛇神さまがいつ現れてもいいように、カマドさんは仏壇に蛇神様用の塩とお水を欠かしたことがないが、それからは一度も現れたことがないという。

トレード

那覇市の泊《とまり》外人墓地の近くで育ったエミコさんには、こんな忘れられない思い出がある。

今から何十年も昔のこと。エミコさんの家はお金がないのと、極端なアメリカ嫌いのため、おもちゃといえば、カジマヤー（風車）や、ウッチリクブサー（起き上がりコボシ）や、ハッチブラー（お面）ぐらいしかなかったが、幼いエミコさんは、どうしても欲しいものがあった。

それは、米軍の闇市などで売っていた、G・I・ジョーと呼ばれる、アメリカの兵隊の人形だった。

「どうしてアメリカーの兵隊さんの人形なんかが欲しいのかねえ。お金があってもうちでは絶対にダメだからね」

母親はエミコさんの要求を激しく突っぱねたので、彼女はひどく落ち込んでしまった。

そんなある日のこと。ちょうどエミコさんの誕生日だったので、彼女は両親から、欲しくもない日本風のウッチリクブサーをもらい、それを持って泊外人墓地のそばをぶらぶら歩いていた。

すると墓場の敷地の中に一人のアメリカ人の少年がいて、手にG・I・ジョーの人形を持っていた。その少年はニコニコしながらエミコさんに近づき、たどたどしい日本語でこう言った。

「コウカン、コレ、アレ」

彼女は喜んでウッチリクブサーとG・I・ジョー人形を交換した。

そしてスキップしながら家に帰って、アメリカ人の少年と人形を交換してもらったことを、得意げに両親に説明した。

すると、母親は、目を細めてエミコさんに聞いた。

「どこが人形ね」

見ると、エミコさんの手に持っているのは、錆び付いた鉄の塊だった。

「あれ、なんで?」

すぐさま彼女は母親と一緒に少年がいた場所まで戻った。

するとそこには目新しい十字架の墓があり、その土の上に、エミコさんの交換したウッチリクブサーが無造作に置かれてあった。

だがおかしなことに、そのウッチリクブサーはお腹のあたりで真っ二つに割れていた。

エミコさんは恐ろしくて、持って帰らなかったという。

シャルロッテ

現在六十歳の直明さんは、本土の大学に行った。そこで当時流行《はや》っていた社交ダンスのサークルに入った。当時の社交ダンスサークルに入るのは、かなり大変なことだった。初心者は受け入れてもらえず、オーディションのようなものがあり、それに合格したものだけが入部を許されていた。直明さんは高校時代に米軍の社交ダンスクラブに入り浸っていたせいで一発合格したという。

そこで今も忘れられない奇妙な経験をした。

その日は他大学の社交ダンスサークルが来て、直明さんの大学でパーティが行われていた。その時、出されたサンドイッチをほおばっていると、見たことのない女性がやってきて、彼をダンスに誘った。肩まである長い髪。歯並びのよい口元。切れ長の目。日本人離れした高い鼻。真っ赤なセーターを着て、真っ白いパンタロンを着こなしていた。

「私、女優よ」といきなり彼女はそんなことを言った。

「へえ、演劇部なの？」と彼は聞き返した。

「シャルロッテ」

彼女はいきなりそんな事をいうと、二人は鳴り出したワルツの旋律に身をゆだねて踊りだした。まるでフランス語を喋りなれているかのような流暢な発音だった。

「シャルロッテってなに？　演劇のタイトルかい？　それとも役名？」

そう聞き返すと、彼女はポカンとした顔つきになって、いきなり直明さんを両手で突き飛ばすと、スタスタと歩いていってしまった。

後日、今度は直明さんの大学が別の大学に遊びにいった時に、偶然彼女を見つけた。直明さんは彼女の元へ行って、この前言っていた女優と、シャルロッテってなんのことと聞いたが、彼女はキツネにつままれたような表情になって、こう答えた。

「何言ってるの？　そんなこと言ってないけど」

いや、おかしいなあ。はっきりと言ったんだけど。

心の中ではモヤモヤしていたが、直明さんは黙っていた。しかしこの「ちょっとした変な出来事」はなぜかいつまでも心の中に残り続け、四十年経った今でも、時折記憶の淵に浮かび上がってくるという。

ある時、現在所属している社交ダンスサークルの集まりがあり、大きなホールを借りてダンスパーティを行った。その時に直明さんは自分と同じ年の男性を紹介された。我《が》那覇《なは》さんというその男性はユタだと名乗った。

「ユタさんとはこの歳になるまで接点がありませんでしたよ」

「そうですか、一度見てあげましょうか」

「いやいや、怖いなあ。なんかとり憑いているとか言われたらどうしよう」

「まず前世ですけど、フランスにいらっしゃったようですね」

「フランスですか。フランスのクラシック音楽は大好きですよ。ドビュッシーとかフォーレとか。あとフランス・ギャルも大好きでした」

「その前世ですが、シャーロットさんという女性と付き合っておられました。いわゆる舞台女優さんですよね。その時代、結構有名な方だったと思います」

「え？」

ああ、そういえば四十年前に。

シャルロッテって名前だった。

あの彼女はどこにいるのだろう。

「その女性って、現世に生まれ変わっていますか?」

「ええもちろん、すでに会っているって出ていますけど」

「あの、また会えますか?」

「無理でしょうねえ」

我那覇さんはなぜか苦笑いしてそう言うと、社交ダンスの人ごみの中に消えてしまった。

「まあそれだけの話なんですけどね、今でも忘れられんのですよ」と直明さんは語った。

フーチバーオバア

宮古島の平良《ひらら》に住んでいる高校生の親泊《おやどまり》ヒデくんは、ヒップホップダンスのユニットを友人四人と組んでいる。練習場所はもっぱら公園か、放課後の学校である。世界中がコロナの脅威に席巻されると、学校はおろか、公園さえ立ち入り禁止になってしまった。しかし練習をしないと体がなまってしまう。親泊くんの家の庭には広い芝生があったので、一人で音楽を流しながらダンスの練習をしていた。

その日も学校から帰ってくると音楽を流して踊っていた。するといつやってきたのか、母方のカマドーオバアが目の前にいて、こんなことを言ってきた。

「おいヒデよ、そこで踊るのをやめ!」

「えー、なんでか?　踊るところないのに」親泊くんは必死で抗議した。

「フーチバーが泣いてる」

「え、何言ってるば?」

「足元のフーチバーが、怒っているよ」

親泊くんがふと足元を見ると、芝と雑草に混じって、食用になるフーチバー(ニショモギ)が生えていて、それがダンスのステップでめちゃくちゃに踏まれていた。

「可哀想だのに。なんでか。お前はそういった気持ちがないのか?」

オバアは怒り心頭といった表情でやってきて、踏みつけられたフーチバーをやさしく撫でた。

「ヒデよ。お母《かあ》はどこか? 出かけているか?」

「母さんは西里ストアにいる。レジ打ってるよ」

「レジね。そうね?」

「そうだよ。知ってんだろ」

「フーチバー、フーチバー、ツンダラー(可哀想に)」

オバアはぶつぶつ言いながら、どこかへ行ってしまった。

夕方、お腹が空いた親泊くんは、母親の働いている西里ストアに行って、おにぎりを一個買った。

「母さん」とレジで親泊くんは母親に言った。「さっきさ、カマドーのオバーが来て、文句言って帰りよった」

「カマドー？　どこのカマドーよ」

「母さんのお母さんのお母さん。つまりひいばあちゃんさ」

「は、お前冗談も休み休み言いなさい。そんな心臓が止まりそうなことを言っちゃいけないよ。アッガイタンディ（信じられない）」

「えー、母さん何言ってる？」

「ウムッシ（おもしろいこと言うね）、お前、葬式出たろ。去年」

「誰の？」

「カマドーオバアだよ」

あ、そう言えば、学校を早退して葬式に行った記憶がある。

「あれ？　じゃああれって誰ね？」

「知らん。お前別のばあちゃんと勘違いしているだろ？」

「いや、あれはカマドーオバアだのに。庭で踊っていたら、フーチバーを踏んだからって怒られた」

「それだったらカマドーオバアのことじゃないか。毎日フーチバーを摘んでいただろ。それで」

「だから、さっきカマドーオバアに怒られた」

「違う。カマドーオバアは今お墓にいる。お墓にいる人間はフーチバーを摘みにこないだろ」

「ううん。ちゃんとウスミルして（前かがみになって）フーチバーをナデナデしていたんだけど。いつもカマドーオバアがやっていたさ」

それを聞いて、母親は困惑した顔になった。

「あんたさ。悪いけど、ミキ（瓶に入った玄米ドリンク）を一本持たせるから、カマドーのお墓にお供えしてきなさい。あれ、カマドーが大好きだったさ。今すぐ行ってきなさい」

そう言われて、強引にミキを持たされた親泊くんは、自転車にまたがって平良のはしのほうにあるお墓まで向かった。持ってきたミキをお墓の前に置くと、そこにあるものに気がついた。まるで誰かが踏みならしたようにペチャンコになったフーチバーの葉が、何枚もそこに落ちていた。

「わかった。フーチバーには気をつけるからさ。もう化けて出ないでね、ばあちゃん」

親泊くんはそう呟くと、家に戻った。

電話

メイさんは十七歳の頃、付き合っていた彼氏がいた。ケンイチロウというのだが、この男性はとんでもないふらつき者だった。

父親は軍用地主で、そのためケンイチロウの元にはバイトもしなくとも、お小遣いと称して結構な額の現金が振り込まれていた。十九歳のケンイチロウは黒のアウディに乗り、メイさんは毎月のようにブランド物を買ってもらっていた。しかし一度口論になると暴力を振るわれたり、三時間近くも怒鳴られ続けたこともあったという。

その夜もアウディで沖縄北部をドライブしながら、ケンイチロウと些細なことで激しい口論になった。

「イナグのくせに生意気なんだよ！」

怒りが頂点に達してくると、必ずメイさんのことを名前ではなく、方言でイナグ

（女）と呼び始め、エスカレートしてくると、必ずこう言うのである。

「ゲレン女はどっか行け。地獄に落ちれ！」

ゲレンとは沖縄方言で他人に対する最低の侮辱言葉である。真面目なウチナーンチュは汚い言葉だといって使うのをためらう。

その夜も東村《ひがしそん》の夜道を走りながら。ケンイチロウは大声でそれを連呼した。付近は集落と集落の間の山道で、何もなかった。

いきなりケンイチロウは無言で急ブレーキをかけた。そして身を乗り出してメイさんの乗っている助手席のドアを開け、片足で彼女を道路に突き飛ばした。メイさんは固いアスファルトの上に投げ出され、転がった。

「痛い！　何すんのよ！」

半ば悲鳴にも近い声でメイさんは叫んだ。

「ゲレンは死ねや！」

そう言うとケンイチロウはドアを閉め、アウディは猛烈な速度で山道を走り去っていった。

メイさんは夜道に放り出されて、その際に腕を怪我してしまった。とりあえず立ち上がったが、腕からは出血しており、ズキズキと痛んだ。あたりには星空とかなり向こうに見えるアーク灯のオレンジの光しか見えない。

「ああ、ハンドバッグ……」

財布と携帯の入ったグッチのハンドバッグも車の中である。ポケットの中には役に立たない自分の原付と家の鍵しかなかった。

仕方なくとぼとぼと山道を歩いていると、自分の情けなさに涙が溢《あふ》れてきた。もう彼とは別れよう。これで最後にしよう。帰ったら警察に訴えてやる。取れるだけ金をむしりとってやる。あんなやつ死刑になればいい。

やがて歩くのも疲れてきた。しかも歩いても歩いても周囲は真っ暗である。ガードレールさえない山道で、しかも車が一台も走っていない。助けを求めることもできない。最低だ。もう死にたい。そんなことを思いながらしばらく歩いていると、道路の横に緑色の光が点っているのが見えた。電話ボックスだった。

「神様、ありがとう！」

喜んで電話ボックスの中に入ったが、小銭がないのに気づいた。まだ十七歳だったメイさんは、非常時には小銭が無くても電話ボックスから警察にかけられるということをまったく知らなかった。なので受話器をがちゃがちゃやってから、その場に座り込んでしまった。

しばらくぼうっとしていると、いきなり車の音が聞こえた。トラックが速度を落としてこちらを見ている。メイさんはびっくりして、すぐさま外に出て大声を出した。

「すいませーん！」

するといきなりトラックの運転手は目を丸くして、急発進して走り去ってしまった。どうやらメイさんの姿を見てお化けだと思ったらしい。

メイさんは電話ボックスにもたれかかって、目をつぶってうなだれた。

と、その時である。

何かの電子音が聞こえた。目を開けて背後を見ると、電話ボックスが鳴っている。メイさんは立ち上がり、電話ボックスの中に入った。びっくりした彼女はすぐさま受話器を上げた。

「はい、もしもし？」メイさんは言った。

無言だった。ジーという低い音しか聞こえない。

するとかすかなノイズに混じって、こんな声が聞こえてきた。

「もしもし、お母さんいる?」

「え、あなた誰なの?」

「電話してるの」

子どもの男の子の声だった。たぶん小学校一年生くらいの感じだった。

「あのさ、君、近くにご両親いる?」

「いない」

「家はどこなの?」

「沖縄」

「沖縄のどこ?」

「お姉さんの後ろだよ」

「違うと思うよ。お姉さんは今、東村だと思う。後ろに家はないし」

「ねえねえ、あのさ、ふん、誰も遊び相手がいないの。遊ぶ?」

「うーん、遊ぶ前に誰か大人のひとを呼んできてもらえたら嬉しいな。誰かいないの?」

「いないよ」

「ご両親は寝てるの?」

「ううん。違う」

「出かけているんだ。もしかして君のお母さんって夜中働いているの?」

「お母さんはどこか行ったよ」

「そうなんだね」

「ねえねえ、そこにお母さんいるの? お母さん?」

ああ、もう絶望的だ。この子の母親はきっと水商売をしていて、朝まで帰ってこないのだろう。母親にかけたつもりが、間違ってこの電話ボックスにかかってきたに違いない。どうやって警察に知らせればよいだろう。そもそも東村の山道で一人ぼっちというこのシチュエーションを、どのようにしてこの子どもに理解させられるだろうか。そんなこと、自分には絶対無理のように思えてきた。

「ええと、君の名前はなんていうの」

「言えないよ」

「どうして? お母さんがそう言ったの?」

「違う」

「じゃどうして?」

「お墓の人がそう言ってた。言えない」

「お墓の人?」

なぜかその言葉を聞くと、背筋を冷たいものが走った。

「どうしてそんな怖い話をするのよ、ぼうや」

「お姉さん、こっちへ来て」

「こっちってどこのこと? 名護《なご》? 那覇?」

「お姉さんの母親って、ヤマダヨネコって言うんでしょ」

なぜかいきなり相手は自分の母親の名前をフルネームで喋った。メイさんは全身に鳥肌が立つのを感じた。

「え、な、な、なんで……」

「ユタさんの娘でしょ」

全身鳥肌が立ち、メイさんは反射的に受話器を激しく下ろした。

悲鳴を上げて電話ボックスから出た。

ピピピピ。電話がまた鳴っている。

「お母さん助けて」

メイさんは口に出して母親に助けを求めた。メイさんの母親はお墓のウガミ（拝み）専門のユタであったが、三女であったメイさんは霊感もなく、ユタに関しても信じていなかった。霊感があるのは長女で、自分は今まで霊を見たこともないし、感じたこともなかった。だが今は違った。全身鳥肌が立ち、寒気が襲ってくる。

とりあえずここから離れよう。メイさんは必死で道を歩き出した。背後では電話ボックスの電子音がずっと鳴り続けている。

ピピピピ、ピピピピ。

しばらく歩くと、向こうから一台の軽自動車が走ってきた。手を振って助けを求めると、中から優しそうなオジイが現れて、そのまま警察署まで運んでもらえた。

警察署に連れて行かれたメイさんは当直の警察官にすべてを話した。家にも電話をかけさせてもらえたが、夜だったせいか誰も取らないという。仕方なく真夜中の警察署の入口で、貰った缶コーヒーを飲んでいると、目の前の電話が鳴った。すぐさま当直の警察官が受話器を上げて、すぐに不審そうな顔でメイさんを見た。

メイさんの全身に鳥肌が立った。

絶対にあいつだ。

「メイさんにって。あれ？　さっき家の人と繋がらなかったよね？」

「切ってください！」メイさんは悲鳴をあげた。

メイさんの恐怖に震える顔を見て、警察官はもう一度受話器に「もしもし」と話しかけたが、なぜかその時電話は切れていた。

「子どもだったけど、間違いかな。でもあなたの名前を呼んでいたような気がしたけど。なんか怖いな」

そういって警察官は背筋をぶるっと震わせた。

その後パトカーで家まで送り届けてもらい、後日ケンイチロウとは別れたという。

なぜかそれから電話ボックスの近くなどにいると、ふいに鳴り出すことが多発した。

今でも時折、かかってくるという。

埋立地の倉庫

沖縄市の海邦町《かいほうちょう》というところに埋立地がある。そこのとある倉庫に、いろんなものが出るという。

ある倉庫に勤めているミナコさんは、最近特に足音に悩まされている。

彼女は経理の仕事をしており、時折開けたドアから、倉庫で働く従業員の足音や重機の動くエンジン音を聞いているのだが、そんな中に明らかにハイヒールだとわかる甲高いコツコツという音が混じっていることがあった。

最初は誰かお客さんか女性の営業がきたのだと思い顔を上げると、そこには物流のアルバイトの姿しかなく、ミナコさんは首は傾《かし》げた。全員安全靴を履いているので、ハイヒールのようなコツコツ音はしないのである。

「あら気のせいかしらね」

何かの重機の音がそう聞こえただけか、もしくは風の音かもしれない。

最初はそんな風に気を紛らわせていた。

だがある日、六時を回って倉庫を閉めて、経理の残務処理をしていた時のことである。

静まり返った倉庫の中で、確かに聞こえたのである。

コツコツコツコツ。

思わず書類と電卓から顔を上げた。

閉まってはいるが電気の点いた倉庫の中、見渡す限り誰もいない。

「どなたですか?」

思わず大声を上げてみる。

と、コツコツ、という音が唐突に止んだ。

ミナコさんは思わず立ち上がり、事務所から出て倉庫を眺めた。

誰もいなかった。やがてコツコツという音が、今度はミナコさんから遠ざかって行った。

ミナコさんはぞっとして、二度と残業なんかするものかと心に決めた。

そのミナコさんにはアツコさんという姉がいた。姉はサーダカー（霊感のある人）で、その話を聞いて、誰か死んだ人がやってきているみたいだとは思ったが、確証はなかった。

「まあねえ、埋立地っていろいろ悪いことが起こるからね」と彼女は妹の話にそんな受け答えをしていた。

「でもハイヒールの音だけじゃないの。男の人の気配とか足音もすることがあるの」

「たぶんたまたま来ているだけじゃないかしら。そのうちいなくなると思うよ」

あまり理由のわからなかったアツコさんはそのようにアドバイスをした。

そんなアツコさんは、保護猫のボランティアもしている。ある日のこと、沖縄市の公園で野良猫の捕獲をするということで、手伝いに行くことになった。

地図の通りに行ってみると、そこは妹の働いている海邦町の埋め立てられた公園だということがわかった。

「あらやだ、妹の勤務先ってこのあたりじゃないの」

何か嫌な予感はしていたが、それでも保護猫のボランティアをここまで来て断るわけには行かない。彼女は待ち合わせ場所の公園の駐車場に行き、そこでボランティア団体の人たちと合流した。

保護猫を捕まえるには、何箇所かに餌と檻を仕掛けるのだが、ボランティアの人たちに混じって公園を散策していると、小山のようになった場所を見つけて、登ってみた。

その小山の上に小さな祠があった。入ろうとしたが、入口に黄色と黒の縞々のロープが張ってあり、入らないようにと看板が掲げられていた。

その時、アツコさんはロープの向こうの祠の近くに、変なものを見てしまった。

ねずみ色の作業服らしきものを着た何かが、異様に長い舌をだらりと垂らしながら、こちらを注視していた。その時、アツコさんにはいろいろなことがわかったという。

どうやらここは昔、埋め立てられる前には小島であり、いろんな悪いものを浄化する場所であったようだった。潮の満ち引きで、穢れたものをそのまま海に流す場所だったのである。それが人間の勝手な都合で埋め立てられて、浄化そのものができなくなってしまった。

あの舌をだらりと垂らした人間のごとき姿をしているものは、間違いなく首を吊ったものだろう。アツコさんにはその他にも、おかしなものが渦を巻いているのが見えた。

その中に赤いハイヒールを履いた女性の姿が見えた。彼女も同じくこの場所で首を吊ったのだろう。と、見る間に彼女は小山から離れて、どこかへ行こうとしているのがわかった。彼女が出かけている先を見ると、一直線に妹の働いている倉庫に向かっていた。

ああ、これだったのか。

見ると山の上の祠も、同じく妹の倉庫の方角を向いていた。

ミナコさんによると、倉庫を訪れる客の足音は、日に日に増えているという。

空飛ぶヒージャー

台風が沖縄本島を直撃した、ある夏のこと。

当時読谷《よみたん》に住んでいた仲宗根さんは、名護にあった会社が暴風のせいで心配になり、国道五十八号線を北に向かっていた。

警報が発令されていたので、国道を走る車はまばらだった。道路の上には倒木や壊れた看板などが散乱し、仲宗根さんは安全運転で車を走らせていた。ハンドルを握っていても、暴風で持っていかれそうになる瞬間が何回もあった。

と、激しい風が吹き荒れる黒い空を見上げた瞬間、その中空を何か白いものが飛んで行くのが見えた。

どこからどう見てもヤギである。首を左右に振りながら、飛ばされていた。

「ユクシ（嘘）だろ……」

仲宗根さんは思わず車を路肩に停車させ、空を見上げた。

ヤギは暴風に激しく体を揺さぶられながら、西側に向かって飛ばされて行った。

もうその頃には、仲宗根さんの頭の中には会社のことなど、これっぽちも存在していなかった。

ヤギを追いかけなければ！

仲宗根さんは名護に向かうのをやめて、西側の集落に車を向かわせた。

集落の中に入っても風は依然として強く、大きなガジュマルが折れそうなぐらい揺さぶられていた。仲宗根さんは車を徐行させながら、集落の中でヤギを探した。

ふと、集落の中にある空き地に、何か白いものが埋もれているのが見えた。

仲宗根さんが車から出て確認してみると、それは確かにヤギだった。しかし落下の具合が悪かったのか、血を流して死んでしまっていた。

「ああ、可哀想になあ……」

すると空き地の横に「新里商店」という小さな店があった。誰もいないかもしれないと思いつつ、仲宗根さんはドアを叩いてみた。

しばらくすると、ランニング姿のでっぷり太った店主が姿を見せた。

「なんね？」と相手が言った。

「ヒージャーが！」と仲宗根さんは言った。ヒージャーとは方言でヤギのことである。

「大空を飛んで、今そこに落ちたんですけど、どうやら死んでいるみたいなんで、知らせておこうと思ってですね……」

するとその男性はチラッと空き地を見ながら、なにやら笑いながら次のようなことを言った。

「あんたの見たヒージャーは、たぶんもういないはずよ。あれはよ、台風の日に限って現れる。このあたりでは昔から、ヒージャーマジムヌ（ヤギの妖怪）と呼んでいたさ」

「いえいえ、血を流してます。もしかしたら生きているかも」

相手は歯を見せて笑い出した。

「あんたどこのシマの人ね？」

「読谷です」

「このあたりじゃ嵐の日にヒージャー見ても、誰も本気にしないよ」

それから仲宗根さんが空き地に戻って見ると、すでにヤギはおらず、血の跡すらも残っていなかった。

「この話、誰も信じてくれないんですがね」と仲宗根さんは語った。

ミーチキでヤールーを落とす

　何年か前に、那覇新都心の公園で、別の怪談を取材していた時のこと。

　取材を続けていると、なぜか小さな小学生がローラーシューズを転がしてこちらに滑り込んできた。

「おじさんたち、何してるの？」

「取材だよ」と私は答えた。

「えー、なんの取材？」

「怪談とか、奇妙な話とか、そんなやつ」

「えー、じゃあ、ワー（私）の話、聞くね？」

　そう言って、ヤスくんと名乗る小学校三年生は、こんな話をした。

　ヤスくんが物心ついた頃、なんの気なしに家の外壁にへばりついているヤールー（ヤモリ）を眺めていた。友達と喧嘩をして感情がムシャクシャしていたヤスくんは、壁のヤールーに対して、異様なほどの怒りを感じてしまったという。

「えー、ヤー（お前）はよ、なんでうちの家の周りに張り付いて、ケケケケって鳴いてばかりいるかぁ？　ワジる（腹が立つ）やっさ」

そして憎しみをこめてヤールーを見たとたん、壁に張り付いていた何匹かが同時にポトリと落下した。

「まさかや！」

ヤスくんはそれを見て凍り付いてしまった。そこで別のヤールーに対しても、「落ちろ落ちろ」と念じながら、ヤスくんはミーチキ（眼力）を強烈に送った。

ポトリ。

ポトリ。

ヤールーは面白いように、次々と落ちていった。

「凄いやっさ。ワーはミーチキでヤールーを落とせるやっさ」

さっそくヤスくんは、そのことをお父さんに報告した。

「お父さん、ワーはミーチキでヤールーが落とせるやっさ」

「なんだと。やってみろ」

ヤスくんはお父さんと一緒にヤールーの張り付いている外壁に向かった。

ヤスくんは、必死になってヤールーにミーチキを送ったが、なぜか一匹のヤールーも落ちなかった。

「えー、ヤス。落ちん。そんな嘘をつかなくても、大丈夫さー」

「嘘じゃないば！　本当のことだよ！」

その後、友達の前でもやったが、人がいる前で行うと、ヤールーはまったくうんともすんとも動かなかった。

ところが、ひとりぼっちでヤールーにミーチキを送ると、百発百中でポトポトと壁から落ちるのである。

これは本人にしかわからない、特別な力だった。

「いつか、この力は沖縄が大変なことになったら、使うつもり。この力は、平和のために使うんだ！」

ヤスくんは、私たちの前でそう宣言すると、一目散に人ごみの中にローラーシューズで駆けていった。

そして途中で急に止まると、そこにあった商業店舗のコンクリートの壁を指差した。

「おじさんたち、ちょっとヤールーがいるから見てて！」

見るとそこの壁には沢山のヤールーがいた。するとヤスくんが壁に向かって何かの力を送った。同時に壁にいたほとんどのヤールーが、目の前でポトポトと植栽の中に落ちたのである。

「ね、本当でしょう？　じゃあねー！」

そう言ってヤスくんは人ごみの中に消えた。

現在、世界平和のためにその力が使用されていることを、心から祈るばかりである。

ウニが来る

崎枝《さきえだ》さんは石垣島で生まれた。五歳で那覇市に引っ越したのであまり記憶はないのだが、小さい頃の記憶でひとつだけ鮮明に覚えていることがあった。

家の前はサトウキビ畑が広がっていて、そこに大きなガジュマルの大木が生えていた。激しい雷が石垣島を蹂躙したその日、崎枝さんは実家の二階の窓から、ボーッと外を眺めていた。その時、激しい稲光と共に、目の前のガジュマルに落雷した。

ドーンという凄まじい響きと共に目の前が真っ白になり、四歳くらいだった崎枝さんはふっ飛ばされた。窓と反対側の襖《ふすま》に衝突した。すぐさま立ち上がると、未だに目の前が真っ白だったが、部屋の中に二メートル以上もあるような赤黒い鬼が立っていた。

崎枝さんは悲鳴を上げた。鬼はなぜか天を仰ぎ見ながら立っていた。やがて強烈なフラッシュのような光に包まれて、バンという電気ショックのような音がして、崎枝さんは再び倒れた。

気づいたときには鬼は消えていた。

すぐさま今見たことを両親に話したが、誰も本気にしてくれなかったという。

「そう言えばこの子は、五歳くらいの時に雷が間近に落ちて、鬼を見たんですよ。ファンタジー系なんです」

崎枝さんの両親は他の親戚に向かって笑いながらそんなことを言っていた。未だに誰も信じてはいない。それでも崎枝さんは鬼をはっきりと見たのだった。それは否定しようもない。ファンタジーでも幻覚でもなかった。

雷の中に赤黒い鬼が確かにいたのだ。

それから二十歳になった頃、県内の大学に進学した崎枝さんは、友達が初めて免許を取ったので、同級生四人で北端の辺戸岬《へどみさき》にドライブに行った。しかも真夜中で、途中から激しい雨が降ってきた。

途中で道端に鳥居が見えた。

「なあ肝試ししよう」と運転していた友達が言った。みんな嫌がったが、ハンドルを握っていた彼は、すでに神社のそばに車を停車させていた。雨は止んでいたが、あたりはぬかるんでおり、懐中電灯は一個しかなかった。四人で鳥居をくぐり、そのまま森のような場所を進んでいった。突き当たりに古いコンクリートの祠があった。

みんなで祠の前で記念写真を携帯で撮影し、そのまま騒ぎながら車へ戻ろうとした。

他の三人はそのまま鳥居をくぐり、車のほうへ向かった。

だが崎枝さんは、鳥居の手前で誰かに腕をつかまれた。

びっくりして振り返ると、赤黒い鬼がいた。ピンク色の爪が皮膚に食い込んでいた。

崎枝さんは悲鳴を上げて地面に倒れこんだ。びっくりした友人たちが駆け寄ってきた。

「鬼が腕を掴んだんだよ！」

そう必死で説明すると、他の三人は悲鳴を上げて走って逃げた。崎枝さんも走って車まで逃げた。車に戻って懐中電灯で照らしてみると、崎枝さんの右腕は赤くはれ上がっていた。

あと大学時代にこんなこともあった。

崎枝さんがゼミで使っている建物の警備員は、六十過ぎの山田さんという男性だった。

山田さんは幽霊を見たことがあるらしく、よくゼミ終わりの女子学生を怖がらせていた。

そんな山田さんが、ある夕方、崎枝さんを見てこんなことを呟いた。

「ウニ」

「えっ？」

崎枝さんはびっくりして振り返った。

「ウニがどうしました？　食べたんですか？」

「いや違う。ウニさ、あの、方言でウニさ。つまり鬼のこと。福は内、鬼は外の、鬼さ。方言でウニって言うんだよ」

「それがどうしたんです？」

「そこにいる」

そう言って山田さんは崎枝さんの背後を指差した。

「やめてくださいよ。たまに見るんですよ」

「だっているんだのに。なぜかわからないけどよ、そこにウニがいる。はっきり見える」

「ええと、俺、どうしたらいいんすか？」

「わからん」と山田さんが言った。「こんなことは初めてであるさ。私に聞かれても、なあんもわからん」

崎枝さんが大学四年生の時に、好きな彼女が出来た。ファストフード店でアルバイトをしていたときの同僚で、別の大学の二年生の好美さんだった。ある日、意を決してバイト終わりに彼女に告白した。すると、すでに付き合っている男性がいるという。がっくりしてアパートまでトボトボと帰る途中、心が痛くてコンビニでチューハイを買い、公園で一人飲みをして、そのままベンチにひっくり返って寝てしまった。

崎枝さんは夢を見た。

ベンチの周囲に沢山の鬼がいた。五人はいただろうか。みんな赤黒く、背が高く、五センチくらいの尖った爪を持っていた。

くるすかあ。くるしてやるかあ。

くるすかあ。くるしてやるかあ。

なぜかそんな事を鬼はブツブツと呟いていた。それは方言で「殺すかあ、殺してやるかあ」と聞こえた。

「誰を?」と夢の中で崎枝さんが言った。

あぬいなぐう。

あぬいなぐう。

それはつまり、「あのイナグ（女）」、好美さんのことだと思えた。

「冗談じゃない！」

びっくりして飛び起きた。そこには鬼などいない。深夜の公園のベンチだった。

それから三日後、アルバイトに行くと、好美さんとはなんだか話しづらい感じになってしまっていた。仕方ないので距離をあけていると、バックヤードで好美さんともう一人の女子アルバイトが話しているのが聞こえた。

「この前、だからいきなり告白されて……」

「えー、やだあ、好美って彼氏がいるよね。知ってたの？」

「ううん、知らなかったはず。それよりさ、帰り道ですっごく怖いことがあってさ」

「どうしたの？」

「信じられんかもしれないけど、鬼に襲われたってば！」

「鬼！」

相手はびっくりして大きな声でそう言ったが、びっくりしたのは崎枝さんも同じだった。もしかしたらあの鬼は自分に憑いているもので、本当に好美さんを襲ったのではないか？　そんな風に考えると、寒気が襲ってきた。

その日はアルバイトをしながら、必死で心の中で念仏のように「襲わないで。絶対に襲わないで」と鬼に語りかけていた。

そのようなことがあったおかげで、なんとなく崎枝さんの心の中には、鬼の存在が不確かながら、自分に憑いているものだという認識が生まれた。そこで社会人になってから、いろんなユタや霊能者のところに行ってみた。それこそよく当たるといわれている占い師のいる喫茶店、国際通りにいた本土出身の霊能者、今帰仁のノロ、北谷のユタのオバアなどである。ところが誰も鬼を認識できないばかりか、最後はほとんどこんなことを言われて終了した。

「あんたの相談には乗れない。私には力が足りない」

つまり、何かがいるんだろうが、私にはどうも出来ない、ということであった。沖縄市の越来《ごえく》にいた有名なユタのところにも行ってみたが、こう言われた。

「あんたの後ろには鬼がいるのかもしれないが、私にはどうにもできない。それには触れない。あんたは特殊だから、自分でどうにかしなさい」

いや、自分でどうにかしろといわれても……。崎枝さんはがっかりしてしまった。

それから三十歳になった頃、崎枝さんは会社員としてバリバリ働いていた。その時にこんなことがあった。

会社が借りていたのは五階建てマンションの一階店舗スペースで、二階から上は一般の入居者が暮らしていた。その入居者の一人で城間という四十歳くらいの男性がいた。城間は崎枝さんの会社の受付のミユキさんという女性が好きなようで、彼女が窓側の受付にいる頃、毎日訪れては彼女と話をして帰って行った。

ところが数日すると、あからさまに会社を訪れては、ミユキさんをデートに誘うようになった。最初ミユキさんは丁寧に断っていたが、見かねた上司が城間にやんわり注意をしたが、相手は怒るばかりで話など聞かなかった。そのうちミユキさんが退社するのを道の向こう側で待って声をかけるようになってきた。

ある日、会社の社長がそれを社員から聞いて怒り心頭、会社にやってきた城間と直接話をした。怒った城間はそのまま部屋に帰ってしまった。しばらくは何もなかったものの、ある日早出の社員が朝の六時頃に出勤したところ、会社のガラス張りの入口に赤いペンキでわけのわからない落書きがしてあった。それは卑猥な言葉と、まるでクビを吊っているかのような人物の絵だった。

警察に被害届を出すと、すぐに犯人が逮捕された。

それは四階に住む城間だった。

実は城間は他にも何度か事件を起こしていたらしく、過去の事件では不起訴となり、病院に入院していた。逮捕もされたので、この件は一段落だと思われたが、二ヶ月後、再び城間が会社にやってきて、ミユキさんに絡み始めた。警察が呼ばれたが、どうやら相手は入院先の病院から抜け出して会いに来たようだった。

それから二ヶ月は何もなかった。だが再び城間の姿は会社付近で頻繁に見られるようになり、ミユキさんはそれがもとで精神を壊してしまい、会社を辞めてしまった。

ある日、何も知らない城間がまた会社にやってきた。その時応対したのは崎枝さんであった。

「あの、ミユキさんは会社をやめたのでもうここにはいません」と崎枝さんははっきりと告げた。「警察を呼びます」

それを聞くと、城間は唸り声を上げながら座り込んでしまった。警察が来ると、暴れて抵抗したので、五人の警察官が引っ張っていった。

すると、それから一ヶ月ほどしてから一人の刑事が会社にやってきた。崎枝さんが話を聞くと、相手はこんな話をした。

「ミユキさんという女性は会社を辞められていますよね。その後連絡はありましたか?」

「いいえ。誰も居場所を知りません」

「大変申し上げにくいのですが、彼女は先ほど那覇市内の公園の林の中で遺体となって発見されました。非常に残念です」

その情報に崎枝さんはショックを受けたが、すぐに心の中には城間の顔が浮かんだ。刑事は城間が犯人であると明言はしなかったが、重要参考人として探していると言った。

刑事が帰ったあと、会社では悲痛に泣き崩れた女子社員が沢山いた。崎枝さんは気分が優れなかった。自分の会社の元同僚が殺されたのである。会社が終わると駐車場の車の中でボーッとして考え事をした。

あの城間って男、見つけたら殺してやる。

ミユキさんの死んでいた公園の林の中で首を吊ればいい。

その遺体を野良犬が食べればいいいんじゃねえか。

なんだかその光景がまぶたの裏に浮かんできた。鬼に身体をつかまれた城間が、泣きながら謝っていた。しかし鬼は簡単には城間を放さなかった。やがて鬼はロープの結んだ輪の中に城間の首を突っ込み、そのまま手放した。結構高い位置から城間は首を吊った。下で野犬が猛烈に鳴いていた。

と、その瞬間に電気がショートしたようなバチンという音がして、崎枝さんは妄想から覚めた。あたりを見回したが、何も変化はない。駐車場の車の中だった。ただ寝落ちしただけだろう。いや、でも何か悪い予感がした。

その悪い予感は正しかった。

後日、城間は同じ公園で首を吊っているところを発見された。高さ約三メートルのところから首を吊っていたが、近くには脚立などもなく、どうやってロープをそこに引っ掛けたのか疑問だった。そして両足には野犬に襲われた跡があったという。

きっとあいつは鬼に殺されたのだ。崎枝さんはそう確信した。

しかし相手が相手なだけに、不思議と罪悪感は覚えなかった。因果応報だと崎枝さんは感じた。

それから時折、鬼の臭気というものを感じるようになった。それはなんだかすえたような臭いで、鼻の奥に沈殿した泥のイメージだった。夢の中で鬼は泥の中から現れて、泥の中に消えていった。時折鬼は夢の中に現れて、目の前で何か叫んだ。しかし何を言っているかわからない。

その頃から崎枝さんの身体を病魔が蝕み始めた。毎日だるく、倦怠感で起き上がることもできない日々が続いた。

あまりのだるさに病院で検査をした。すると腎臓の機能が恐ろしく低下していた。このままではすぐに透析治療になるでしょうと医者が宣言した。

崎枝さんは酒も飲まないしタバコも吸わなかった。いろいろと検査をしたが、腎機能の低下についての正しい理由は発見できなかった。

そんな時に、友人から黒島さんという一人のユタを紹介された。彼女は西原町の大きな仏壇のある家に暮らしていた。

「あんたよ、どこでそんなものを付けたんだい？」

開口一番、黒島さんはそんなことを言った。

「鬼ですか……」

「そうだよ、いっぱいいるじゃないか」

「小さい頃に雷が近くに落ちて、それから視えるんです」

「あぎじゃびよ（なんてこった）！　鬼はあんたの寿命を決めている。あんたは四十歳になる前に死ぬ。決められたことだって」

「なんですかそれは？　オバア、助けてください！」

「二人、殺したね。男性と女性を。それで鬼のエネルギーが大きくなっている。言っておくけど、これはあなたの味方などではないよ。呪いさ。あんたの家系のね。一度両親かあんたのオジイオバアを呼んで、ユタからこんなこと言われたと問い詰めなさい。あんた、このままだと確実に数年で死ぬよ」

それを聞いて青くなってしまった崎枝さんは、すぐさま両親の元に行き、全部話した。最初は両親の顔は笑っていたが、話が進むに連れてだんだん崎枝さんのように青白くなっていった。話が終わると全員黙り込んだ。

「実はね、あんたには全部話していない」と母親が言った。

「これはうちの家系に関することだ」と父親も言った。

崎枝さんの祖先の一人が、石垣の山の中で鬼に会ったという。その時に祖先は非常に何かの理由で困窮していたらしく、その解決法を鬼に求めたという。鬼は祖先の求めに応じ、すべてうまく計らってくれたという。父親はそれについて、こう付け加えた。

「たぶん誰かを殺したのだろう」

それ以来、何代か経つと鬼が憑く子が現れて、早死にした。しかし近年は鬼が現れても、大空を向いて笑っていれば、受け流すことができると信じられていた。これは石垣島のユタがそう直言したからだという。だから母親はいつも、鬼が現れたことを冗談のネタにして笑っていた。

しかし今回はどうやらまったく効かなかったようだった。

「で、どうしたらいいの？　自分は四十で透析治療なんかしたくない」

それから崎枝さんは両親と一緒に急遽石垣島に渡った。どうやら崎枝家のお抱えのユタがシマにいるらしい。そのユタは九十歳を越えたウトさんというオバアだった。

ウトさんは話を聞くと、方言で喋った。崎枝さんには一言も理解できなかった。ウトさんは家族の者に塩と泡盛を持ってこさせ、崎枝さんにそれらを舐めさせた。そして方言で何か唱えると、崎枝さんの両手を握って、しばらく黙り込んだ。

やがて五分くらいして目を開け、ニコッとしながら標準語でこう言った。

「あい、終わり」

こうして崎枝さんたちは那覇に帰ってきたが、それで終わりではなかった。腎機能の値は薬のせいもあってか、次第によくなっていった。どうやらこのままうまくいけば透析治療は免れると思ったのもつかの間、両親が相次ぎ亡くなってしまった。ほとんど病気もなかった両親が二週連続で倒れてしまい、そのまま帰らぬ人となってしまったのだ。崎枝さんには、これは自分の代わりに亡くなってしまったのだと思えて仕方がなかった。

それからしばらくして、石垣島のウトさんも亡くなってしまった。

「よかったさ。その人たちのおかげで、あんたはこうして生きてる。鬼も外れたようだよ」

久しぶりに会った黒島さんはそんな風に言った。

「心配しないでいいよ。両親は寿命だった。二人ともあんたの後ろにいて、ニコニコしているさ、と言っても、信じないだろうね。そうさ、あんたの考えている通り、親は子どものためなら自分をも犠牲にする。要はそういうことだよ。この件については深く考えないほうがいい。みんな、自分に出来る最善の選択をしたまでさ」

「わかりました。もう済んだことです。忘れます。それで、もう鬼は外れたんですね？」

「百パーセント間違いない」と黒島さんは言った。

そう言いながら、かすかに顔をしかめたのを、崎枝さんは見逃さなかった。

「何かありますか？」

「いいや、何もない。百パーセント何もない」


それから崎枝さんは昼間、ボーっとしていた時におかしな幻覚を見た。

自分が結婚して一人息子が出来たようで、親子三人で向こうから手を繋いで歩いてくる。すると鬼が三人の背後から現れて、こう言ったのだ。

「この子にしよう」

そう言ってから子どもの頭をもぎ取り、天を仰いでケラケラと笑った。

ハッとして我に帰ると、国際通りに停めた車の中だった。

その時点では、崎枝さんは独身であった。

しかし今は違う。

黒島さんにもそのことで相談に行った。しかし黒島さんであっても、顔を濁らせながらこう言うしかなかった。

「これは……私にはできないねえ。困った……」

現在、結婚した崎枝さんには一人息子がいる。息子は先天的な病気を持って生まれてきた。医者からは長くはないと言われている。それがたまたまの偶然か、あるいは運命でそのような病気で生まれてきたのなら、崎枝さんも甘んじてそれを受け入れられたかもしれない。

しかしおそらくこれは違う。

崎枝さんにとり憑いていたものがたまたま外れて、息子に受け継がれただけのことだ。いわゆる先送りしただけである。

そして崎枝さんは、それを外す方法も探し出した。しかしそれはあまり最善の方法とは思えなかった。だが仕方がない。他の方法を崎枝さんは見つけることができなかったのである。

それを行ったら、自分は非人道的な人間ということになり、一生呪われてしまうかもしれない。だが息子のためである。どんなことをしても、この愛する息子を死なせるわけにはいかなかった。呪いなど自分が被ればいい。自分の両親だってそうしたのだから。

その方法は、家系を越えて、他のものに鬼を移動させることであった。

移動させられた家系は、きっと一生悩むだろう。そして確実に人が死ぬ。

もう時間がなかった。

ある日の夜に、崎枝さんはとある墓場に行き、ジーシガーミ（骨壷）の中の骨を盗んできた。墓にはこんな名前が書かれてあった。

城間家之墓。

人間の骨は、意外と軽いものだ。月夜の夜に頭蓋骨を抱えながら、崎枝さんは口笛を吹きながら墓場の道を歩いた。虫の声さえ聞こえない、そんな夜だった。

差し入れした女

当時、沖縄の暴走族に所属していた道夫さんは、付き合っていた翔子さんを後ろに乗せて、その日の目的であった伊計島《いけいじま》までのツーリングを終えて、帰るところだった。

伊計島で解散した彼らは、おのおのバラバラになって帰って行ったが、当時付き合っていた二人は、のんびり帰ろうと、暴走族の集団からはわざと遅れてゆっくりと走っていた。

伊計島から沖縄本島へは、海中道路という長い埋め立ての道路で繋がっていた。ちょうど浜比嘉島《はまひがしま》を過ぎて本島へ帰っている時のこと。

いきなりまぶしい光が背後から二人を捉えた。道夫さんは自身の経験から、警察車両にハイビームで照らされたのだと思った。一瞬身構えたが、なぜかその光は背後からそのまま上昇して、どこかへ消えてしまったように思えた。バックミラーを確認しても、光らしきものはいない。すると次の瞬間、向かって左側の海に、何か眩《まばゆ》い光を放つものがいきなり現れた。

ヘルメットのシールドを通してみても、それがダンプカーぐらいの大きさであることがわかった。もちろん警察車両のハイビームが反射したものではない。ヘリコプターかと一瞬疑ったがそうではない。

その強烈な光源はまさに円盤型をしており、まるでバイクの速度に合わせるかのように、真横にぴったりとつけてきた。

恐怖を感じた道夫さんは、バイクを加速させて百キロまで上げたが、それでも円盤型の光はぴったりと真横につけてくる。道の両側は海である。つまり相手は空を飛んでいる。

後ろでは翔子さんが悲鳴を上げて、力いっぱい抱きついてくるので、道夫さんはますます怖くなってきた。

と、その物体はいきなりバイクから離れると、あっという間に沖縄市の方向へ飛んでいってしまったという。

道夫さんは心臓が激しく鼓動し、手足がブルブルと震えてとても運転どころではなかった。なので海中道路を抜けたところにあるコンビニにバイクを乗り入れた。

「お前よ、あれ見たか？」道夫さんは震える声で翔子さんに聞いた。

「はっしぇ。あれって絶対ＵＦＯ、空飛ぶ円盤でしょ？」翔子さんも興奮気味に喋った。

「でも橋を渡りきったとたん、消えてしまったけど、あれはもしかしたら海中道路にだけ出るものなのかな？」

「えー、私、どうして円盤が消えたか、知ってる」と翔子さんがそんなことを言った。

「えー、なんでか？」

「道夫さ、伊計島でさっきオリオンビールの缶を貰っただろ、覚えてる？」

「覚えてる。飲まずにお前に渡しただろ？」

「うん。だからさっき、ＵＦＯに追尾された時に、これ上げるから許してって言いながら、オリオンをＵＦＯに投げたわけさ」

「はー、お前何言ってるば？」

「だから、宇宙の人はオリオンビールきっと好きだから、喜んで帰っていったはずよ」

冗談とも真面目とも取れるその言葉に、道夫さんはしばらく絶句して、言葉が出なかった。

翔子さんによると、思いっきり投げたオリオンビールの缶は、そのまま円盤型の光に吸い込まれ、その直後に上昇して、飛び去ったのだという。

あとでそのことを暴走族のメンバーに話したところ、笑われるだろうと思っていたがそうはならず、実はその中の二人も円盤型の光に追いかけられていたことがわかった。

「宇宙人にオリオンビールを差し入れした女」と、翔子さんは一時その界隈では有名になったという。

柔軟剤

うるま市の市営団地で暮らしていた和美さんは、ある夜夢を見た。

普段と変わらない団地に住み、朝起きてなぜかパジャマのまま家を出た。そのままエレベーターに乗り、団地の駐車場まで裸足で歩いていく。夢の中であるから違和感はない。

自分の車に乗ろうとそのまま歩いていくと、目の前にロサンゼルスにいる姉の麻子さんが立っているのが見えた。

「あさこー」と笑いかけながら言うと、相手も「かずみー」とニコニコしながら言った。

久しぶりに出会った二人は駐車場で抱き合った。

「久しぶり。ロスはどう？　旦那さんと子どもたちは元気なの？」

和美さんがそのように聞くと、麻子さんはニコニコしながら何か言った。

しかし口の動きだけで、発せられた言葉までは聞こえない。

そのうち、麻子さんの洋服が変なのに気がついた。和美さんもパジャマを着ているので人のことは言えないが、姉も病院の患者が着るつなぎの服であった。

「あさこー」もう一度、和美さんは姉の名前を呼んだ。すると麻子さんは近寄ってきて、和美さんを力いっぱい抱きしめた。

和美さんの顔いっぱいに、アメリカ製のダウニーという柔軟剤の香りが立ち込めた。和美さんはあまり好みではなかったが、ロス暮らしが長い麻子さんはいつもその柔軟剤を使っているのを思い出した。

「大好きよ、かずみー」と麻子さんは駆け寄ってきて、和美さんを力いっぱい抱きしめた。

そこで目が覚めた。

目が覚めると同時に、家の黒電話が鳴った。

すでに起きていた夫が電話を取ると、ロスにいる麻子さんの夫のデイビッドさんからであった。

先ほど麻子が狭心症の発作で亡くなった、とたどたどしい日本語で相手は言った。

ああ、だからあんな服を着ていたのね。和美さんはそう思った。

死ぬ間際に会いに来てくれたのね。

柔軟剤の匂いもはっきりわかった。

今でもたまに、周囲に何もない場所であっても、どこからかあの香りが漂ってくることがあるという。

ボルト

数年前に大宜味《おおぎみ》さんの祖母であるヨシコさんが亡くなった。もう九十歳の大往生で、苦しみもなく静かに息を引き取った。

やがて火葬場でヨシコさんの亡骸《なきがら》が燃やされることになった。大宜味さんはその時中学一年生で、人間が燃やされて骨になるのを初めて経験した。台の上に載せられて現れたヨシコさんの骨は、かなりな熱を発しており、骸骨が横を向いて苦しそうにうめいているようにも見えた。

やがて親族が一人ずつ箸《はし》で骨をつまんでは、骨壷に入れていった。やがて大宜味さんの番になった。大宜味さんは頭蓋骨をつまもうとしたが、大きすぎて入らないと両親から止められた。それならと、脚の近くにあった金属製のボルトに目を留めた。

ボルトは焼かれて真っ黒になっているが、原型はとどめていた。すぐさま箸でそれをつまみあげた。

「ああ、それはダメさ。やめなさい」と親戚のオジイが言った。

「ヨシコは若い頃戦争で足を痛めて、それが三十歳くらいの時に悪化してさ、そん時入れたボルトであるわけさ。そういうものは骨じゃないから、縁起が悪いので捨てなさい」

「でも、僕これがいい。持って帰っていい？」

「絶対にダメ。縁起が悪い。絶対にやめなさい！　しに怒る（凄く怒るよ）！」

かなりきつい口調だったので、初めて焼けた骨を見たショックもあり、大宜味さんはそれからシクシクと泣き始めた。

大好きだったオバアの形見として、これだったらポケットにも入るし、いつでもオバアと一緒にいれると大宜味さんは思っていた。しかし他の親戚も大反対したので、仕方なくあきらめることにした。

それから県内の大学に入学した頃、近所のスーパーで買い物をしていた。缶ビールのケースとお米十キロを買うつもりだったので、ショッピングカートを押しながら店内を回っていた。

するとと途中でショッピングカートが何かにつまずいたかのように、ガタガタと止まってしまった。なんだろうとショッピングカートのコロの部分を見た。何か黒っぽいものがコロに挟まっている。かがんで持ち上げてみると、非常に驚いた。

「これは……あれじゃないか。いや、あれ以外考えられないけど?」

それは焼け焦げたボルトで、ヨシコオバアの骨を焼いた時に持って帰ろうとしてできなかった、あのボルトにそっくりだった。

ちょうどその日はヨシコオバアの命日で、缶ビールのケースとお米を実家の仏壇に持っていこうとしていた矢先の出来事だった。

「不思議ですよね。でもこれは私の宝物なんで、不思議とかそんなことはどうでもいいんです。オバアが一緒にいてくれる、それで私は十分ですよ」

ボルトは今でも大宜味さんのかばんの中に入っている。

ロンド

亮子さんは少し前まで民間の精神科病院で看護師として働いていた。自身の父親も晩年は精神疾患を患い、身近にそれらを見てきたせいで、重症の患者と接するのもあまり苦ではなかったという。

その精神科病院に、一ヶ月に二回ほど、佐和子さんという六十代の女性がやってくることがあったという。彼女はユタだと名乗り、入院している喜美恵さんという二十代の女性の親族だった。

佐和子さんがやってくると、入院している親族の女性とレクリエーションルームで話をするのだが、当然その部屋には他の患者たちもいる。するとおかしなことが起こるのだという。

佐和子さんが席を立つと同時に、他の何人かの患者もつられて立ち上がり、まるで金魚の糞のように佐和子さんのあとをつけ始める。そして佐和子さんが席に戻ると、その席の周りを円を描きながら、グルグルと回るのである。

「どうして佐和子さんの周りを回るんですかねえ」

ある日、亮子さんは佐和子さんに直接尋ねた。

「ロンドって言うさ。フランス語だよ。知ってますか。輪舞っていうんですかね。あれでしょうねえ」

「はい、輪舞はわかるんですけど、何が理由でこうなるんですかね」

「電波でも出ているんじゃないですかねえ。アハハハハ」

佐和子さんはあっけらかんとして笑った。

そんな佐和子さんは一度、主治医の先生と激しく対立したことがある。それは入院している喜美恵さんについてであった。

喜美恵さんは職場で上司から酷いハラスメントを受けたおかげで情緒不安定となり、最終的に家の中で叫びだして手がつけられなくなり、両親により入院させられた過去を持つ。しかしそれは間違いだと、佐和子さんは主張した。

「先生、この子はね、神ダーリといって、神様が乗り移ってこうなってしまったんですよ。やがてその神ダーリの期間が終わります。そうしたらすぐに退院させてください」

「神ダーリについては聞いたことはあります」と主治医の仲村渠《なかんだかり》先生は言った。

「しかしながら、それが医学的になんの根拠があるかというと、残念ながらありません。今の法律では、治療を継続するしか方法はありません」

「わからずやのトーヘンボクの頭が石敢當《いしがんとう》のしょんべんたれのアビランケフリムン（頭のおかしい馬鹿野郎）が！　こういう馬鹿な医者が沖縄のユタを殺してしまうんだよ！」

佐和子さんはいきなり人格が変わったように怒鳴りちらし、その場にいた人々を凍りつかせてしまった。

「こちらとしては、病状が回復するまでは退院させられません」

「あい、わかったさ。じゃあ言うけれども、来月の十五日になったら、病状がすっかり回復するから。また十五日過ぎたら、来ますよ」

そう言って佐和子さんは帰って行った。やがて十五日になると、喜美恵さんの症状はすっかり回復した。目が覚めた時、亮子さんが担当だったのだが、起き上がってすぐに美恵子さんはこんなことを喋った。

「今日は、なんだかとても長い夢から覚めた気分なんですけど、私って入院しているんですか?」

その声は冷静で、穏やかな声だった。それまでは朝起きてもうめくしかできなかった。

それから三日後に喜美恵さんは退院することになった。迎えに来たのは佐和子さんであった。

「この子の両親はもうあてにならないから、私の家で面倒を見ることにしたさ」と佐和子さんが亮子さんに語った。「あんた、いろいろ世話をしてくれてありがとうね」

「いいえ。こちらこそ、本当にありがとうございました」

「あとね。あんたに預けるものがあるよ」

そう言って佐和子さんはなぜか亮子さんの背中に、手のひらを何度も擦り付けるしぐさを行った。

「何をされているんですか?」と亮子さんが言うと、佐和子さんは、

「なあに。プレゼントさ。これからはあなたが病院の光となる。ラ・ロンドといいましてね、私の若い頃はよく踊ったものです」

そんな意味のわからない言葉を残して、佐和子さんと喜美恵さんは帰って行った。

「それからなんですが、もう大変でしてね」と亮子さんは言う。「私がレクリエーションルームを通ると、患者さんが金魚の糞みたいに私のあとをつけてくるんです。仕方ないから、どうしても通り抜けないといけない場合は、早足でいくようにしていますよ。意味はわからないんですが、そうなんです」

亮子さんは困った表情でそう言った。

でもその反面、拘束着を着た重症の患者のうち何人かは、亮子さんが近寄ると彼女を認識して微笑むことがあるという。そして暴れることなくおとなしくなる。これは不思議な現象だが、非常に助かっているという。

その後、風の便りに聞いたところによると、喜美恵さんはすっかり回復し、那覇市内でタロットカードを使う占いをしているという。佐和子さんはそれからしばらくして交通事故で亡くなってしまったらしい。

未だにロンドは続いているという。

宮里森

大城さんはまだ幼稚園児の頃、名護市に住んでいた。その頃の大城さんの楽しみといえば、カブトムシの幼虫を捕ってくることだった。

以前はよく名護市陸上競技場の北西にある慰霊の塔付近に捕りに行ったのだが、なにぶん子ども心にも同じ場所で捕り過ぎると飽きてくるものである。そこである日、大城さんは友達と一緒に、宮里森《みやざとむい》に行ってみることにした。

そこはウタキとして地域振興の要になっており、いい感じに薄暗く、カブトムシの幼虫が好みそうなジメジメした雰囲気の場所だった。以前の場所である陸上競技場近くの慰霊の塔よりも薄暗くて、腐葉土がしっかり溜まっていたので、二人は沢山のカブトムシの幼虫が捕れるだろうと期待をした。だがいざ掘り返してみると、案外獲物は少なく、二人は若干がっかりしてしまった。

それでも数匹の幼虫は捕れたので、大城さんは宮里森の腐葉土と一緒に、幼虫を小さめの飼育箱に入れて、そのまま持ち帰った。

家に帰ると、飼育箱をそのまま放置して、一階の居間で夕方に放送されるアニメーションを見て過ごした。

と、自分が異様な眠気に襲われているのに気がついた。まるで底なしの眠気がグルグルと渦を巻いて、身体と意識の自由を奪って行く。必死に抵抗を試みたが、いつの間にか身体は三角座りのまま、壁に持たれてそのまま眠ってしまっていた。

やがて母親が夕食を作りに帰ってきて、居間でおかしな格好で眠っている息子に気がついた。名前を呼んでも、身体をゆすっても、息子は目を覚ます気配がない。母親は大城さんをその場に寝かせると、急いで体温を測った。

しかし顔の表情のわりに熱はない。

それから父親を呼び、朦朧としている大城さんを二人で抱きかかえて、二階の子ども部屋まで運んで眠らせた。

しばらくすると、大城さんは母親に起こされて目が覚めた。

「あんた、大丈夫ね？」

「ああ、ううん、よくわからない」

「ところでよ、あんたさ、どっかで何か拾ってこなかったかい？」

「何を？」

「なんでもいいけど、石とか、木とか、そんなものさ」

「カブトムシの幼虫……」

「どこで拾ったね？」

「宮里森」

「どこに置いた？」

「玄関……」

そこで意識を失うようにして、大城さんは再び眠りについてしまった。

次の日、朝になって目が覚めた大城さんは、そのまま一階の台所まで下りた。

「お母さん、おはよう」まだ半分寝ぼけている大城さんは、夢現《ゆめうつつ》の状態でそう言った。

「あんた、今日は幼稚園休んでいいよ」

母親がそんなことを言った。

その時大城さんは、自分が知らない間に一晩眠り続けたことに気がついた。その後、母親は弟を保育園に送ってから帰ってきた。

「あんた、昨夜は大変だったんだよ」と母親は昨夜の事を早口でまくし立てた。

こんなことがあったのだという。


昨夜、夕ご飯を作るために帰ってきた母親は、息子が座りながら熱を出しているのだと思ったらしい。遠くから見ても耳が真っ赤で、触ってみたが、しかし驚いたことに熱はまったくない。とりあえず父親を呼んで、二階の部屋に連れて上がり、布団をひいて眠らせたが、熱はないのに意識がなく、呼びかけにも答えない。心配になった母親は近所の人にいろいろと聞いて回った末、ウガミサーと呼ばれる人のところに案内された。ウガミサーとはユタでもノロでもないが、ウタキなどを拝んで回る、集落の信仰深い人たちのことで、その多くはサーダカー（霊感のある人）でもあった。

ウガミサーのおばさんは、大城さんの母親の話を聞くと、すぐにこんなことを言ったらしい。

「あんたのところのお子さん、もしかしたら何かを拾ってきたのではないかねー」

「わかりません。帰ったら聞いてみます」

そういって母親は一旦家に帰って、大城さんを起こして聞いた。宮里森からカブトムシの幼虫を捕ってきたと聞いた母親はピンときた。そこでもう一度ウガミサーの家に戻ると、おばさんも絶対にそのせいだと言う。神聖なウタキである宮里森からは、小石一つ、枝一本たりとも運び出してはならない。カブトムシの幼虫と腐葉土であっても、それは同じであった。

そこでウガミサーのおばさんの言われるまま、台所の火ヌ神に仮ビンシー（急な拝みをする場合に仕立てる仮のお供え物）を捧げ、拝みをして許しを乞うた。そして飼育箱に入れられたカブトムシの幼虫と腐葉土も、宮里森に返された。もちろんそれらのことは大城さんは意識がなく、まったく覚えていない。目が覚めると、恐ろしいまでの眠気は、すっかり消えうせていた。

それ以来、聖なる場所や墓地には、大城さんはあまり近寄らなくなってしまったという。

赤土を食わせる

戦後間もない頃、大宜味村《おおぎみそん》のとある集落にいた神谷さんの曾祖母は、よく山の中へグラ（チンブクダケという筍の新芽）を採りに入っていた。ところがその日に限っては、いつもより帰りが遅い。山道を熟知していた曾祖母のことだから、まさか迷うことはありえないとみんなが思っていたが、てっぺん（午前0時）を過ぎても帰ってこないので大騒ぎになった。

今すぐにでも捜索に向かいたかったが、懐中電灯もない時代のことなので、一旦夜が明けるまで待ち、朝になってから集落のもので改めて捜索をすることになった。

ところが集落のものが普段グラを取りに入る場所などを探しても手がかりさえつかめなかった。二日目は捜索範囲を広げ、三日目は家族と親類縁者だけで探したのだが、一向に曾祖母がいた痕跡さえ発見できない。

と、親戚たちが手分けして探していると、普段は人の立ち入らない集落の外側の山に、最近枝が折られたような痕跡を発見した。獣道からも外れたその場所を、人が分け入ったような痕跡を頼りに捜索すると、彼らは何度も何度も同じ道を歩いている錯覚に陥った。よくよく自分たちの歩いてきた道を確認すると、どうも同じ場所を本当にぐるぐると回っていることに気づいた。

「このままでは自分たちがムヌマイー（マジムンに迷わされて）してしまう」

そう思った彼らは、一旦落ち着こうと、沢山の人数が休めそうな場所を探した。すると今まで気がつかなかったが、山の斜面に小さな洞窟のような場所がある。洞窟に入ってみると、人が一人通れるくらいの細い穴が続いており、その奥にぐったりと壁にもたれかかるようにして座っている曾祖母を発見した。

おかしなことに曾祖母の口の中には赤土が詰め込まれており、口の周囲にも赤土がいくつもこびりついていた。また曾祖母の近くには、赤土が握り飯のように盛られた木の葉がいくつも置かれていた。

残念なことに、曾祖母はすでに亡くなってしまっていたという。

「誰かが曾祖母に赤土の握り飯を食べさせたせいだ」

彼らはいぶかしんだが、それはとうてい人間が行ったこととは思えなかった。

曾祖母はマジムンに惑わされて亡くなってしまったのだと、今でも家系の中では言い伝えられている。

指差すひと

仲村渠《なかんだかり》さんは以前、遺骨収集のアルバイトをしたことがあった。当時、那覇の新都心が開発途中で、大学の学生だった仲村渠さんは喜んでその作業に参加した。新都心はシュガーローフヒルと呼ばれた激戦地で、当時日本軍の基地があった首里城を守るため、日本軍が米軍と血みどろの戦いを繰り広げた場所であった。

戦後そこは米軍が占拠していたが、沖縄に返還されて、大掛かりな土地開発を行うことになった。だが掘れば掘るほど骨や不発弾が現れたので、雇用創出事業として、遺骨収集が行われることになったのである。

それまで仲村渠さんは、遺骨を目にしたこともなかったし、最初は遺跡発掘程度の気持ちで参加したという。すると、少し掘っただけで、頭蓋骨や小銃の弾丸や穴の開いたヘルメットなど、大量の遺骨や遺品が現れた。その膨大な量を目の前にして、仲村渠さんは言葉もなく、ただただ立ち尽くすしかなかったという。

その日の午後二時のことであった。

シュガーローフヒルの近くの土砂を掘っていて、疲れたのでふと手を休めてあたりの景色を眺めた。

と、収集者たちに混じって、丘の上に変な人影が見える。誰かが仲村渠さんを見つめて、手を振っている。

「誰だろう？　ゼミの先生？」

じっと見ていると、明らかにおかしい格好だった。鉄兜を被り小脇に小銃を持っている。日本兵の格好をしている。

「え？　なんであんな格好をしているんだろう？」

その人影の立っている場所は、遺骨収集の人たちがまだ立ち入っていない場所であった。しばらく見ていると、その人影は陽炎の中に消えてしまった。

気になった仲村渠さんは、何かに誘われるように、その場所へと向かった。

そこは突き出た崖の端っこで、とりあえずスコップを赤土の中に差込み、それからゆっくりと持ち上げた。

すぐに錆び付いた日本軍のヘルメットと、頭蓋骨の一部が現れた。

それを見て、仲村渠さんの心は申し訳なさで一杯になり、ここが激戦地だったという事実を改めて認識した。と同時に、若干フラフラしながら学生生活を送っている自分に対して、どうしようもない恥ずかしさを感じたという。

「ああ、すいません。ごめんなさい……」

それを見ながら、仲村渠さんは涙を流した。とにかく一心不乱に、優しく土をかき分けた。やがてそれに気づいた周囲の者が何人もやってきて、みんなでその周辺を掘り返した。日本兵と思われる遺骨が三体、その場所から掘り出された。

「ごめんなさい」

そう呟きながら、仲村渠さんは遺骨を掘り出していたという。

次の日も仲村渠さんは、同じような幻を見た。

丘の上に立った日本兵が、自分の足元を指差して、何度も何度も頷《うなず》いたという。やはりその場所を掘り返してみると、何体か遺骨が埋まっていた。

遺骨収集に参加している間、何度も死者の幻が土の上に立つのが見え、そしてその場所にはそのものたちの遺骨が間違いなく埋まっていた。

あとで遺骨収集の責任者のような人にその話をすると、彼はこんなことを言ったという。

「実は私も見えてる。指を差すでしょう？　私はここにいるんだと。それが彼らの気持ちなんです。だから遺骨を捨ててはおけんのです」

何度か南部の壕の遺骨収集にも仲村渠さんは立ち会ったことがあるが、そこでの経験を最後に参加するのをあきらめてしまった。仲村渠さんの家系は、昔から続くユタの家系で、どんどん死者が夢の中や運転中にも現れて、現実の生活ができなくなりそうだったからだという。

その最後の遺骨収集の日、南部の森の中で、粗末な服を着た少女が現れて、仲村渠さんの目の前で地面を指差し、はっきりとした声でこう言った。

「アンマー、アンマー（お母さん、お母さん）」

そこを掘り返すと、二つの幼い骨を守るようにして亡くなっている大人の遺骨が横たわっていた。おそらく幼い子どもをかばって倒れた母親なのだろう。仲村渠さんはそれを見ると悲しくてたまらなくなり、その遺骨の上で泣き崩れてしまった。

「彼ら、まだ沢山いるんです。私はもう、影響が強すぎるので、遺骨収集はあきらめました」と仲村渠さんは語った。

実は最近も何度か、仲村渠さんの部屋に死者が訪ねてきて、森の中や、丘の中腹や、洞窟の中を指差す夢を見るという。しかしはっきりした場所はわからない。

そういった夢を見る度、仲村渠さんは台所にしつらえた火ヌ神《ヒヌカン》に対して線香を上げて、お菓子やお酒をお供えするという。

「若い私が言うのもなんですが」と仲村渠さんは言う。「沖縄戦はまだ終わっていませんよ。まだまだ連綿と続いているんです。たぶん終わりはないのだと思います」

今でも沖縄戦の遺骨は毎日のように掘り出され、供養され続けているが、終わりはまったく見えていない。

体育座りの日本兵

上運天《かみうんてん》さんは、那覇市前島のアパートに住んでいた頃、毎日のように不思議な経験をした。上運天さんは那覇市のライブハウスで働いていたのだが、帰りはいつも明け方の三時や四時だった。

通勤で使っている自転車を一階の駐輪場に置き、外階段を三階まで上り、家のドアを開けると、なぜか先ほど一階に置いた自転車が玄関にあった。

「え？」と思わず口に出した。

そこで急いで一階まで戻ると、さきほど自転車を置いた場所には、別の住人の原付が置かれてあった。

クスリも酒も飲んでいないのに、俺はどうかしちまったんだろうか。

上運天さんは、自分は脳の病気だと思ってしまった。

それから別の日、家の鍵を開けていると、いきなり横に血だらけの旧日本兵が立っているのが視界のはしに見えた。

「うわーっ！」

悲鳴を上げて横を見ると、その姿は消えていた。

また別の日、夜遅くに帰ってきて、冷えたビールを飲もうと、冷蔵庫を開けた。

すると昨日食べかけてラップをしたピザの上に、体育座りをした小さな日本兵がいて、こちらを悲壮な目でじっと見つめながら、ブルブルと肩を震わせていた。

「うわーっ！」

悲鳴を上げると、その姿は瞬時に消えた。


「最近、幻覚を見るんすよ」

ある日、ライブハウスのオーナーに上運天さんは告白した。

「どんな？」

「それが、自転車を駐輪場に停めて三階の部屋に上がると、なぜか玄関にその自転車があったりですね、あと信じられないと思うんですけど、冷蔵庫を開けたら、小さい日本兵がブルブル震えながら体育座りをしてこちらを見つめていたんですよ。俺、どうにかなっちまったんじゃないかと思って」

「じゃあ上運天、俺の家に神社で貰った塩があるから、明日持ってくるからそれを玄関にお供えしなさい。場所が悪いのかもしれないからさ」

それを聞いて、上運天さんはポカンとした顔つきになった。

「あの、オーナー、俺の言ったこと、信じるんすね」

「信じるよ。前島だろ。あの場所だったら、そんなことあっても不思議じゃないからさ」

次の日、オーナーは本土の神社でお清めされた塩を持ってきてくれた。上運天さんはそれを持って意気揚々とアパートに戻った。自転車から降りて、駐輪場で背中のリュックサックの塩を確認してみた。

ビニール袋に入れてあったのが、なぜかドロドロの液体状になっていた。

「おいおい！」

ライブハウスを出る時に、厳重に縛ってあったはずだ。しかもリュックの中には水気のものなど入っていない。上運天さんは恐ろしくなって、階段を走って駆け上がって部屋に戻った。すぐさま家の鍵を閉め、ビールを飲もうと冷蔵庫を開けた。

するとと冷蔵庫の中には、体育座りをした日本兵が、うつろな目でこちらをじっと凝視していた。

「わーっ！」

悲鳴を上げて上運天さんは部屋から飛び出し、一階の駐輪場に転げるように向かった。

すると目の前で、鍵をかけたはずの自分の自転車に誰かが乗って、今しもそこから走り出すところだった。

「おい！」

と声をかけてみたものの、すぐに相手が誰か気がついた。

旧日本兵の後ろ姿だった。悲鳴を上げて立ち止まると、いきなりその姿は自転車ごと消えてしまった。

駐輪場を見ると、自分の自転車はチェーン鍵をかけられたまま、無事にそこにあった。

「お前、自転車に乗りたかったのか？」と上運天さんは独り言のように呟いた。

とりあえず心を落ち着けるため、近くのコンビニまで行き、ビールを二本買って帰ると、深呼吸をしてから部屋のドアを開けた。冷蔵庫をおそるおそる開けてみると、そこにくだんの日本兵はいなかった。

上運天さんは大きく深呼吸をすると、そのままお辞儀をして、冷蔵庫に向かって話しかけた。

「ええと、あのですね、私は上運天といって、この部屋の主なんすけど、あの、たぶん、あなたは辛い思いをしてきたと思うんすよね。自分も実は琉大二回落ちて、やっとのことで合格したけど、あの、親からはいろいろ言われたり、そんな感じだったんすけど、やっぱり、あそこで踏ん張ってよかったなって、思ったりするから。あの、自分のそんな経験とは桁外れだとは思うんですけど、よかったらこのビール飲んで、落ち着きましょう。沖縄ではイチャリバチョーデーって言うんすよ。意味は人類皆兄弟みたいな感じで」

そう言って上運天さんはビールを冷蔵庫の中に一本置いて、自分はもう一本を手に持ってプルをあけて、こう言った。

「カリー！（乾杯）」

すると次の瞬間だった。

部屋中にどこから入ってきたのか、いきなり線香の匂いが充満しだした。上運天さんはそれを嗅ぐと奇妙な眩暈《めまい》に襲われた。部屋に誰かがいる気配がした。しかし怖くて見渡すことはできなかった。

と、もう一つ上運天さんの身におかしなことが起こり始めた。非常に怖いはずなのに、なぜだか涙が溢れてきて止まらないのである。上運天さんは開いた冷蔵庫の前でワンワンと号泣しながら、オリオンビールをちびちびと飲んだ。

「それから不思議とその部屋に住むのが怖くなくなったんすよね」と上運天さんは語った。「もうその部屋は引っ越しちまって、アパートも取り壊されてデカいホテルになってるけど、たまにあのあたりにいくと思うんすよ。ああ、あいつどうしているのかなって。で、涙が出てくるんですよね。なんでですかね。悲しくなっちゃうんすよ。不思議っすよね」

忘れられない青空

開発されて久しい天久《あめく》の那覇新都心は、現在ではホテルやアウトレット、ショッピングモールなどがひしめき合う、文字通りの都心となっている。だが二十年前はそこはだだっ広い空き地にすぎなかった。戦後米軍によって占拠された土地は、一九八七年に返還されるまでは、アメリカのものだった。

返還されても、すぐに開発が始まったわけではなかった。一応名ばかりのフェンスで囲われていたが、すぐに血気盛んな若者たちがたむろする場所となった。

安慶名《あげな》さんもそんな若者の一人だった。当時、二五〇ＣＣのバイクを持っていた安慶名さんは、友達何人かとつるんで、夜になると新都心の原っぱでバイクのレースをして遊んでいた。

その夜は特に人が多かった。金曜日の夜でもあったし、スカイラインＧＴを改造した数台の走り屋たちも集まっていた。安慶名さんはいつも走っている草原の中を、好き勝手に走っていた。

と、走り出して十分くらいのことだった。

順調に走っていた安慶名さんは、いきなり草原の中で後輪がスリップし、そのまま横倒しになって右肩を激しく地面に衝突させてしまった。

ヘルメットを通して、地面と雑草の上を転がっていく感覚。

そこで意識が飛んだ。

安慶名さんは青空を見ていた。

雲一つない、とても美しい青空だったという。

周りは昼間。おかしいな、そう思って、ぼんやりと身体を起こした。

目の前に大きな岩があった。その陰にライフルを構えた旧日本軍の兵隊が一人隠れていた。

見ていると、その兵隊が素早く岩の陰から身を乗り出し、一発撃った。

とたんに数百発ほどの激しい弾幕が襲ってきた。安慶名さんも思わず身を震わせた。

岩が激しく着弾の埃《ほこり》を巻き上げた。

目の前の兵隊が、身体を激痛にくねらせてそのまま倒れこむのが見えた。

「なんだよ、死ぬのか？」

なぜかそんな言葉を吐き捨てながら、安慶名さんは兵隊に近づいた。すぐさま数百発の弾幕が降り注《そそ》いだ。安慶名さんは悲鳴を上げた。

救急隊員の顔があった。意識が、意識が、と救急隊員が叫んでいる。顔に何か被《かぶ》せられた。痛みが襲ってきた。

「安慶名、死ぬな！」

友達の声らしきものが聞こえたが、半分泣いているような声だった。いや俺は大丈夫だから、と声を出そうと試みたが、それは意識の中で反復されて相手には通じなかった。それよりも彼を助けてあげて欲しい。撃たれているから。大変だ。手当てしないと彼は死んでしまうよ！

「大丈夫ですか？　安慶名さん、私の言っていることがわかりますか？」

彼の耳元で救急隊員が喋っていた。

「彼を助けて……」

ようやくのこと、かすれた声で安慶名さんは言うことができた。

「誰ですか?」

「兵隊さん……」

「兵隊さん?　米兵がいたんですか?」

いや、日本兵です、と彼はたぶん返事をしたが、その声は救急隊員には届かなかった。

彼はそのまま救急で運ばれ、全治三ヶ月の重傷をおった。バイクはシャフトが曲がってしまい、オシャカになってしまった。ようやく立ち上がれるようになった時、現場にいた友人の津波古《つはこ》さんが見舞いにやってきた。そこで事故の際のことを聞いた。

津波古さんが見ていると、安慶名さんのバイクはカーブを曲がりきれずに後輪からスリップし、そのまま横倒しで十メートルほど流された。すぐさまみんなが駆けつけたが、うわごとばかり口にして、痛みに悲鳴を上げていた。そのまま救急車が呼ばれたという。

「どんなうわごとを言ってたんだろう」

「俺が聞いたのは、『突撃!　突撃!』とか、『ごめんなさい、死守できませんでした』って。まるで兵隊みたいだったから、日本兵の幽霊に倒されたんだって、みんな言ってるぜ」

「ああ、そうなのか……。というかさ、俺へんな夢見てさ。妙にリアルだった。岩陰から必死に応戦して、蜂の巣になって死んだ兵隊がいたんだよ」

「どこに？」

「目の前に。昼間だった。二度と忘れないくらい、綺麗な青空だった」

「ふうん。幻覚見たんだろうなあ」

「……そうかもしれないね」

安慶名さんはそう言って、宙を見つめた。


ところで、安慶名さんの四代前の祖先は、天久で亡くなっている。

曾祖父から聞いた話によると、安慶名正心《あげなせいしん》は、まだ十九歳で戦争に駆り出され、最後はライフルと弾三十発を渡され、天久のシュガーローフの近くで守備を任されたという。もちろん狙撃などやったこともない、ずぶの素人である。他の生き残った兵隊の証言によると、何発も弾を食らって、血だらけで倒れているのを見たのが最後だったという。

それを思うと、涙が止めどもなく溢れてきた。あの場所で転倒したのは、きっと意味があったのかもしれない。

安慶名さんは今でも、信じられないくらい美しかった青空の色を忘れることができない。

午後四時四分のイキマブイ

以前、カナサさんはコールセンターで働いていた。職場は結構な広さのオフィスで、何台ものパソコンが所狭しと置かれていて、時間になるとオペレーターたちが忙しく電話対応に追われていた。カナサさんの上司は上間さんという五十代の男性で、独身で、部下の面倒見のよい優しそうな人であった。

ある日の仕事終わり、六時過ぎに会社を出ようとしたカナサさんを上間さんが呼び止めた。

「申し訳ないけど、今日の夜付き合ってよ。ちょっと部下のことで相談があってさ」

強引に誘う上司に、きっと部下のオペレーターのことについて相談するつもりだと解釈したカナサさんは、その夜彼に付き合うことにした。

するとバス通勤していたカナサさんを自分の車に乗せ、「いい店を知っているから」

と車を発進させた。するとあれよあれよという間に、車は波上《なみのうえ》にある一軒のラブホテルの駐車場に入っていった。

「どういう意味ですか?」と相手の心を理解したカナサさんは険しい表情で聞いた。

「いいだろ。減るもんじゃなし」

上間さんはそう軽く言ってのけた。

「減るもんじゃなし? 心は確実に減ります」

「いいだろ。お金が必要だったら払うから」

そう言われて何がなんだかわからなくなり、彼女は自分のリュックサックを引っつかむと、そのまま助手席のドアを開けて、外に逃げた。すぐにタクシーがつかまったので、そのまま自宅へと急いでもらった。後ろを振り返ったが、上司は追ってこなかった。

次の日、出勤するのが酷く憂鬱だった。誰かに相談しようと思ったが、それ以外の上司もすべて男性で、相談しても絶対に上間さんの肩を持つだろうし、逆に変な噂をばら撒かれるような気がしてできなかった。そこで昼休みに、女性のオペレーターの同僚二人にそのことを打ち明けたが、なんとそのうちの一人も同様に誘われた経験があることがわかった。

「私は結婚してたから、そのまま無視して飲み屋から帰ったけどね。あとで内村さんに相談したけど、なあなあで消されちゃった。そんなの、俺に相談することでもないって。夫にはなんだか怖くて相談できてない」

内村さんというのはこのコールセンターを統括している部長のことだった。部長が真剣に取り合ってくれないのなら、どうしようもない。

なるべく上間さんとは顔を合わせないようにカナサさんは過ごした。だが何度か廊下ですれ違い、その際に妙な感覚を覚えた。背筋がゾッとするような感覚。あるいは台所の一週間前の生ゴミの袋を開いてしまった時の、あの匂い。

それから二、三日したあとぐらいから、パソコンの前で客対応していると、急にゾクゾクと寒気がしたり、吐き気を感じるようになった。顔を上げると、たまたまなのか、上間さんが遠くからこちらを見つめている時がよくあった。

ある時は急にズーンと肩が重くなった。

「うわあ。なにこれ?」

思わずそう呟いて顔を上げると、階段の中二階から上間さんが目を細めてこちらを見つめているのに気がついた。

「きもちわる……」

その瞬間、カナサさんは吐き気を覚えた。

家に帰ると、急に二十キロぐらいの重さが両肩にドーンと乗っかってくるのを感じた。するとと同時に上間さんからメールが来た。

「君のことを忘れられない。一度でいいから君と寝たい。お金は払う。二万でどう?」

うわっ、きっとこいつのせいだ。カナサさんは台所に行って塩を掴《つか》むと、ベランダに出て両肩に塩をまいた。

返事をしないでいると、さらに追い討ちでメールが来た。

「君も僕も独身なんだし、単純な恋愛として考えれば、フェアで素晴らしい関係になると思うよ」

読めば読むほど理解できない内容のメールだった。またすぐにこんなメールも来た。

「君はきっと豚になりたいと思う。私はその願望をかなえられる」そう始まる彼のメールには、あまりにも酷い性的表現や嫌がらせの言葉で溢れていた。

カナサさんはこう返した。

「人を勝手に拉致っておいてラブホに連れ込もうなんて極悪非道ですね。これ以上付きまとったら訴えます。人間のくず」

するとメールはそれ以上来なかった。


次の日、仕事場に行くのが苦痛だった。それでも出勤していたが、午後から頭が割れるように痛み、何度も吐いてしまったので、家に帰ることにした。

その日から一週間、彼女は体調不良で会社を休んでしまった。朝になると誰かが両肩を押さえつけているように重く、起き上がれない。また何を食べても吐いてしまう。

次の日曜日のこと、同僚のミチカさんが心配して、彼女をドライブに連れ出してくれた。行き先は沖縄県北部。辺戸岬を回って、その近くの山のふもとまで行った。

「ここはね、アスムイっていうの。神様の山よ」とミチカさんが言った。

「ふうん」

「琉球の王様が替わる時に、ここに神々しい光が七本差し込んだの。それがキンマモンって神様の出現のしるしなのね。これって全部『球陽』って歴史書に書いてあるの」

「へえ。じゃあ神様っているんだね」

「昔はいたんじゃない。今はどうかしらね。人間にあきれてどっか行ったんじゃない」

アスムイは結構険しい山だったので、下にある二つの拝所を拝むことにした。

アスムイの入口まで来ると、その道の両側にコンクリート製の祠があった。そこに手を合わせて、カナサさんは「変な上司にこれ以上、嫌がらせをされませんように」と祈った。

そうして祈っていると、背後から人の気配がして、振り返ると一人の腰の曲がったオバアが登ってくるのが見えた。

「こんにちわ」とカナサさんたちは挨拶をした。

「こんにちは。あれ、若いネエサンだねえ。あんたたち、お参りにきたの？」

「そうです」

「うれー、偉いねえ。関心するさ」

オバアはそういって拝所の前に小さいゴザを広げると、そこにちょこんと座った。

「こうして一ヶ月に一回、お参りに来ますよ」とオバアが言った。

「おばあさんは……」とカナサさんが聞いた。「ユタさんなんですか？」

「ユタとは名乗ってませんがね。ウガミサーさ」

「ウガミサー？」

「拝む人のことをウガミサーっていうさ」

「なるほど」

「ところで、あんた名前はなんていうね？」

「カナサです」

「カナサンドー（とても美しいという意味）」

「はい、両親はその方言から名前をつけてくれました」

「イキマブイが両肩に乗っているけど、なにかねえ」

「イキマブイって？」

「イチジャマとも言う」

「わかりません」

「生霊だよ。こう言ったらわかるかねえ」

「え、私にですか？」

「もちろん、あんたにだよ。心当たりがあるかい？」

「……えーと、あります」

「ナトーン（だろうね）」

「どうしたらいいですかね」

急にオバアの眉間に皺が寄った。

「これは大変だよ。その人はイキマブイが非常に強い。男性だから性的なアレさ。あのね、人間には皆七つのマブイがある。その一つをちょん切ってやるんだ」

「どうやって?」

「あんた、藁で人形を作りなさい。藁じゃなくても、雑草でも稲でもなんでもいい。人の形に人形を作ったら、晴れた日に影のできる場所にそれを立てなさい。相手の名前をビンシー(拝みをする時に使う白い紙)に書いて人形に貼り付けなさい。時間は四時四分。そしたらその影の中に五寸釘っていう太い釘があるんだが、それを金属製の金槌で打ち込みなさい。人形の中じゃなくて、地面に映る影の中にそれを打つんだよ。そして四時五分になったら、藁に火をつけて燃やしなさい」

「はい、わかりました」

それを聞いてカナサさんは素直に返事をした。

「あんたさ、本当にするつもりなの」友達が聞いた。

「うん。絶対にやってやる」

カナサさんは真剣な表情でそう答えた。

次の日、カナサさんは近所の林に行って、雑草の茎を何本も刈ってきた。そして一日かけてヒトガタに見える藁人形を作り上げた。そしてホームセンターで金槌と五寸釘、ビンシーを買ってきた。その翌日も翌日も大雨が降った。彼女は会社も休んでアパートに籠《こも》り、何かに取り憑かれたように晴れがやってくるのをじっと待ち続けた。とうとう三日後に快晴となった。彼女は一式を持ってバスに乗り、糸満市の実家に戻った。実家の庭は広く、障害物がないので影ができやすい。実家には母親がいたが、午後二時には老人会の集まりがあるといって出かけてしまった。

そろそろ四時になった。カナサさんは庭に出て、藁人形を土の上に立てた。影がぼんやりとだが見えていた。四時四分になった。五寸釘を取り出し、影の中心に向けて打ち込んだ。柔らかい赤土の中に、二振りで釘は埋没した。そして四時五分。キャンプ用のバーナーで藁人形に火をつけた。藁人形は刈ってから三日経っていたので、白い煙を上げながら徐々に崩れていった。火が消えかかると、カナサさんはさらにバーナーの火でそれを炙《あぶ》った。とうとう藁人形はくすぶり続ける炭と化し、風に吹かれて消えてしまった。

地面には打ち付けられた五寸釘だけが残っていた。

それから二日後に体調も回復したので、カナサさんは職場復帰を果たした。上間さんはどうしたのかと見ると、いなかった。昨日から休んでいるという。誰に聞いても休んでいる理由は知らないという。やがて一週間後に、上間さんは退職されましたと朝礼で伝えられた。理由は体調不良によるものだと伝えられたが、それ以上誰も理由を知らなかった。

カナサさんもそのすぐ後に退職してしまったので、その後どうなったかはまったくわからないという。

それから一ヶ月後に実家を訪れた際、母親が変なことを口走った。

「芝生がね」

「え？　なんのこと？」

「芝生がね、一箇所だけ、どうしても根付かないのよ。ホームセンターで芝生のシートそこだけ種をまいても生えないのよ。おかしいねえって。種を買ってきて敷いたんだけど、おかしいねえって。そこだけね」

見るとそこはカナサさんが藁人形を燃やした場所だった。五寸釘は埋もれてはいたが、まだ土の中に残っていた。

「おかしいわね。何かしら」

カナサさんは今の今に至るまで、真相を話せないでいる。

風の中の香水

手登根《てどこん》さんは大学の卒業間近に、付き合っていた彼女の沙織さんと別れた。平たく言うと、彼女は卒業後に手登根さんとの結婚を望んでいたのだが、彼にはまったくその気はなく、卒業したらバイクで日本一周をするのが夢だった。その旅に沙織さんを誘ったが、彼女はバイクで野宿しながら旅行などしたくないようだった。卒業したら堅実な就職先を探して、生活を安定させて結婚したいと言っていた。しかし血気盛んな手登根さんはまったく聞く耳をもたなかった。

こうしてある日の夜中、彼女のほうから別れを切り出してきた。

「ねえ、もう私たち限界かもね。わかれましょう」

「わかった。君がそう言うのも当然だね。わかれよう」

そう手登根さんは言った。沙織さんは泣きながらアパートを出て行った。

それからしばらく沙織さんとは会うこともなかった。そのまま大学を卒業した手登根さんは、アルバイトで貯めたお金でバイクを買い、そのまま北海道を目指して旅に出た。

ちょうど鹿児島あたりをバイクで走っていた時のこと。

フルフェイスのヘルメットをしてバイクで走っていると、なぜかヘルメットの中に香水の匂いが広がり、まるでむせるくらいにそれが充満した。

思わずコンビニで停車し、ヘルメットを外してみた。

ヘルメットを外してもその香水の匂いは新鮮なまま、手登根さんの鼻腔を刺激した。前に嗅いだことのある匂いであった。それは別れた沙織さんが常時付けていた香水の香りだった。

もしかしたら彼女が別れ際に何か匂いのするものを渡したのかもと思ったが、ヘルメットもその時着ていた服も、彼女と別れてから買ったものだった。

「おかしいなあ……」

もしかしたら、と手登根さんは考えた。疲れてきているので、昔嗅いだ匂いが脳内再生されているだけの話かもしれない。

「休んだほうがいいんだろうな」

鹿児島市内の公園を見つけて、そこで寝袋を広げて、その夜は眠った。すると寝袋の中からも、なぜかその匂いが漂ってくる。

「俺はきっと疲れているんだ」

そんなことを呟きながら、手登根さんは再びバイクに乗り、走り出した。

福岡県の久留米《くるめ》市に入ると、風が強くなった。しかしその風の中で、ヘルメットの中は彼女の香水の匂いで一杯だった。気持ち悪くなった手登根さんは、その夜は公園の水道でヘルメットの中を石鹸で厳重に洗った。次の朝、ヘルメットを被ってみるとまだ濡れていたが、少なくとも香水の香りはしなかった。そのまま走り出すと、下関《しものせき》に渡ったぐらいで、おかしなものを見た。

バス停に一人の女性が立っており、こちらに手を振っていた。びっくりした手登根さんは思わずハンドルを切り損ねて、転倒しかけた。

どう見ても別れた沙織さんそっくりの女性がバス停に立っていた。

バイクを停車させて振り返ってみたが、バス停には誰もいなかった。

その夜、携帯で大学時代の同級生の果歩さんという友人にメールをした。

「沙織は元気かな。なぜならここのところ毎日のように、彼女が付けていた香水の匂いがまとわりついていて、ちょっと気味悪いんだよね」

そのメールを果歩さんに送ると、すぐに電話がかかってきた。

「沙織なんだけど、あれから入院したみたいで」と果歩さんは言った。

「なんの病気？」

「なんか精神的なものみたいだけど。いろいろあったらしくてね。それでさ、なんで電話したかというとね、私、沙織の調子が悪いっていうから、入院するちょっと前に、一緒に海に行ったの。あなたも知っている糸満《いとまん》の百名《ひゃくな》ビーチにね」

「うん、それで？」

「そしたら沙織、ずっと棒で砂浜に人の形の絵を描いてて、『それなあに？』って聞いたら、あなたの名前を言ったの。ああ、彼女まだ引きずっているんだと思ったけど、いまさらもう一度付き合えとか言えないでしょ。それで見ていたら、その人の形の絵に、自分の付けていた香水を何度も振りかけていたの。『どうしてそんなことするの？』って聞いたら、笑いもせずにこう言ったの。『転んじゃえばいいのに』って」

それを夜中の公園で聞いた手登根さんは寒気を感じてしまった。

「今日転びかけたよ。バス停に沙織が立っていてさ」

「ええっ、彼女追いかけてきたの？」

「たぶん、精神だけ、ずっと追いかけられている気がしてる……」


それから和歌山まで走った時のことだった。

大学の同級生が和歌山に住んでいるので、事前に連絡して、泊めてもらうことになっていた。三橋さんという同級生は、もともと和歌山出身であった。夜中、彼のアパートにバイクを停めると、そのまま二人で飲みに出かけた。

「なあ手登根よ」と飲みながら三橋さんが言った。「お前、いつから女性みたいな香水をつけ始めたんだ？　バイクで風呂に入れないからか？」

「いや、これは俺じゃない」

そこで手登根さんは、果歩さんから聞いた話も含めて、今までの経緯を全部説明した。

「あれま、お前はあれか、わかれた沙織の生霊に悩まされてるってか」

三橋さんはそういって豪快に笑った。

「そんなことあるわけねえじゃんか」

そして三橋さんの家に泊めてもらった手登根さんは、次の日の朝、こんな変な話を聞いた。

夜中の三時くらいに尿意を感じて三橋さんは起き上がったという。すると隣の部屋で寝ているはずの手登根さんがうなされている声がする。大丈夫かなと確認のため襖を開けると、白い煙のようなヒトガタのものがいて、馬乗りになって首を絞めているところだった。

びっくりした三橋さんは思わず「うわ!」と悲鳴を上げた。

するとヒトガタは睨みつけるようにこちらを振り向くと、それから忽然と消えたという。

「お前、沖縄に帰ったら、ちゃんとケアしてやれ」

昨日は馬鹿にしていた三橋さんは、真剣な表情でそう忠告した。

それから京都に立ち寄った時に、最初に目に入ったお寺が気になった。それは都心部から離れた田舎にある、山の上のお寺だった。手登根さんはバイクを停めると、門の前で一礼してから中に入った。

なかなか歴史のありそうなお寺だった。境内でぼんやりと休んでいると、たまたま一人の僧侶が通りかかった。話しかけてきたので、沖縄からバイクで日本一周している者ですと自己紹介した。それから沖縄の話で盛り上がったので、「実は相談があるんですけど」と言ってから、沙織さんの生霊のことについて話をした。

その話を最後まで聞いてくれた僧侶はこう答えた。

「まあ仏教的なことから話しますと、そういった呪いとか生霊は実は存在していないんです。すべては気の迷いから生じる物です。どうですか、今朝座禅会が開催されるのですが、あなたも出て行きませんか？」

もしかしたらちょうどいい機会かもしれない。なぜか座禅会に出たほうがいいと感じた手登根さんは、普段なら断っていたはずの僧侶の誘いを受けてしまった。そして朝八時になると、続々と二十名ほどの人たちが本堂に集まって、座布団の上で座禅を組んだ。

最初に先ほどの僧侶が教訓的な話をして、それから低い音でクラシック音楽が流れて、三十分の瞑想タイムになった。手登根さんは初参加だったので、一番後ろの位置に座っていた。

こうして瞑想しながら座っていると、いきなり前方で男性のうめく声が聞こえた。

「うっ！」

思わず目を開けた手登根さんは、一番前に座っている先ほどの僧侶が、うずくまってから体勢を直すのが見えた。それからしばらくすると、前に座った参加者の一人が悲鳴を上げて、そのまま横に倒れてしまった。脚でも痺《しび》れたのかと見ていると、さらに何人かの参加者がそれぞれ倒れていくのが見えた。なぜかそれは、一番後ろに座っている手登根さんのほうに近づいているように思えた。

と、いきなり本堂の中に一陣の風が吹いた。扇風機でもあるのかと思ったがそうではなかった。その風には彼女の香水の香りが混じっていた。

次の瞬間、誰かから左肩を強く押されて、手登根さんは足を組んだまま床の上に倒れこんだ。目を上げても、そこには誰もいない。

座禅会終了後、手登根さんは僧侶に、起こった事を伝えた。

「あなたの事情はわかりました。今すぐ沖縄に帰って、前の彼女さんに全部謝りなさい。そして本寺には二度と訪ねて欲しくありません」

いや、別れを切り出したのは彼女のほうなんだけど、と心の中ではそう考えたが、我慢してすべてを腹の中に収めて、手乗根さんは何も言わずお寺を後にした。

　お寺を後にして一時間ほどで、またヘルメットの中に香水の香りが充満しだした。農道の中にバイクを停めると、我慢できなくなった手登根さんは、沙織さんに電話をすることにした。

「もしもし、沙織？　元気だった？」

「うん、いきなりなんの用？」

「いや、元気かなと思って。今京都にいるんだけど」

「そう。バイク旅してるのね。よかったね」

「うん、まあね。ところでさ、お前、俺に向けて、何か飛ばしてない？」

「飛ばす？　何を」

「つまりその、生霊っぽいものをさ。なんか知らないけど、お前のつけてた香水の匂いがしたりして、ちょっと困っているんだけど」

「転んだ？」

　いきなり陽気な声が聞こえてきた。

「ちゃんと転んで怪我した？」

　その言葉を聞くとゾッとして、手登根さんは思わず電話を切った。

その電話を最後に、なぜか香水の匂いはピタリと止んだ。それから途中で神社仏閣を見つけると全部に寄り道して、少ないお金からお守りを買いあさった。旅が終わる時には、お守りの数は五十を超えていたという。

そんな手登根さんも、今年で五十歳になった。

「もちろん沙織も今は他の人と結婚して、今は横浜にいるそうです。でも日曜日の午後とかに、どこからともなくあの香水の匂いが漂ってくることがあるんです。気のせいかもしれませんが、俺、未だにどうしたらいいかわからなくて」

まったくの気のせいかもしれないが、その話をしている手登根さんからは、芳《かぐわ》しい香水の匂いが漂っていた。それは春の新緑を思わせるような、みずみずしい香りだった。牧港《まきみなと》のファストフード店で話を聞いた。二階席には我々しかいなかったのであるが。

イチジャマの飛び交う家

　空が真っ赤に染まるほどの夕暮れ時、那覇方面へバイクを走らせていた照屋《てるや》さんは宜《ぎ》野湾《のわん》の伊佐《いさ》交差点で信号待ちをしていた。するとバイクのヘルメットを通して、何かが「コツン」と当たるのが感じられた。何か小さいものだったので、たぶん虫だろうと思って横を見ると、黒い何かが宙に浮かんでいた。

　カナブンがホバリングしていた。なんか珍しいものを見てしまったと照屋さんは思ったが、すぐに信号が変わったので、バイクを発信させた。すると次に大謝名《おおじゃな》の交差点で信号に引っかかった。と、視界の隅に何かいる。振り向くと、さきほどと同じものかどうかわからないが、一匹のカナブンがやはりヘルメットから三十センチくらいの距離にいて、ホバリングしていた。

　え、尾けてきたのか？　照屋さんは交差点でギョッとしてしまったが、やはりすぐに信号が変わったので、そのまま走り出した。

そのまま五十八号線をまっすぐに行くと、那覇の上乃屋《うえのや》の交差点でやはり信号に引っかかった。するとまた、カナブンが横にいて、ホバリングしながらこちらと距離を取っているのが見えた。

その時はなぜか「神様かご先祖様が守ってくださっているのかもしれない」と思い、悪い気はしなかったという。


その頃、照屋さんは奥さんと離婚のことでもめていた。その時奥さんには実は浮気相手がいたのだが、照屋さんは気づいていなかった。ただ、お互いの関係はもう修復できないまでにズタズタになっているという認識はあった。だが離婚するとなると、自分名義で借りた住宅ローンとか、子どもの親権など、さまざまな問題があり、どちらかというといつも逃げ腰の照屋さんは、そういった問題について奥さんと真剣に話すことを避けていた。

今までの人生が壊れていくのが見ていられなかったのだと、照屋さんは言う。

「いや、俺だって自分自身がクズだってのはわかってますよ。でもその当時は、いきなり相手が冷たくなって、感謝もへったくれもなくなってしまって、ただただ混乱してしまったんです」

その裏で奥さんは、取引先だった会社の役員と浮気を繰り返していたのだが、会話もロクにしなかった照屋さんにはわかるはずもなかった。

照屋さんは毎日、那覇から宜野湾市までバイク通勤をしていたが、なぜかカナブンにホバリングされてから、同様のことが数多く起こった。

会社の建物から出かける時に、やはりカナブンがバイクのそばを舞っていたり、いきなりヘルメットの中に異物感を感じ、急いで脱いで見ると、大きなカマキリが中に入っていた。カマキリは取引先の会社の待合室の壁にもいたり、飲み屋のトイレの手洗いのところにもいた。

その度に照屋さんは、カマキリを捕まえては外に逃がしてやった。

「いつも守ってくれてありがとうね。元気でやるんだよー」

そう優しく声をかけた。先祖に守られていると感じた照屋さんは、毎日が幸せだったという。

そんな折、照屋さんは滋賀県へ出張に行くことになった。取引先の工場を見学したあと、最後の日にみんなで竹生島《ちくぶじま》に行くことになった。そこは琵琶湖の中にある、寺社と土産物店しかない島で、取引先の社長が毎年お参りに行くパワースポットだと教えてくれた。そこで相手の会社の社長も含め十人ほどでお参りに出かけた。

電車を降り、船に乗って竹生島に渡ったのだが、船の外を見ると、やはりカナブンが一緒に外を飛んでいるのが見えた。

「あれ見なさいよ、カナブンやっさ」

同僚が窓の外を指差してそう言うので、照屋さんはすっかり嬉しくなってしまった。

「本当だねえ。不思議だなあ」

あれが自分を守ってくれる先祖の化身だとは、さすがの照屋さんも同僚の前では恥ずかしくて言えなかった。やがて船は竹生島に着き、全員船を降りた。西国霊場の三十番でもある島内の寺には、平日にもかかわらず多くの参拝客があった。そこでお参りしている時、本堂の上から、二匹のカナブンがゆっくり降りてきて、照屋さんの頭上二メートルほどのところでホバリングをし始めた。

「おおー。これはきっと神様の使いだな」と取引先の社長が言った。「今まで毎年お参りしているが、こんなことは初めてだね」

そう言って社長が携帯で写真を撮り始めたので、他の社員たちも同じようにし始めた。照屋さんも負けじと何枚も写真を撮った。

「ああ、ご先祖様、ありがとうございます！　きっとこの商談はうまくいきます！」

照屋さんは心の中で必死に感謝を伝えたという。

そして出張も終わり、沖縄に帰ってきたが、家に戻ってきても子どもとしか会話がなく、奥さんとはまったく喋ることもなく過ごした。ある日、職場の飲み会があり、家に遅く帰ってきた。家族はすっかり眠り、照屋さんは静かに自分の部屋のドアを開けて中に入った。

するとおかしな臭気が漂ってきた。何かが腐った臭い。部屋の電気をつけると、書斎のデスクの上に何かある。

近寄ってみてそのものを見た照屋さんは、思わず悲鳴を上げてしまった。

「うわぁーっ！」

それはどう見ても死んだネズミで、照屋さんがトーストを食べていた皿の上に置かれていた。照屋さんが一人騒ぎながらネズミの死骸を処理していると、二階からパジャマを着た奥さんが眠そうに降りてきた。

「お前がしたのか？」と咄嗟《とっさ》に聞いた。

「見たいかなと思って。庭で死んでたから」

「見たくねえよ。どういうことだよ」

奥さんは何も答えずに、また階段を上っていった。


それから一週間後、日曜日であったが、どうしても処理しておかなければいけない事案が発生したので、照屋さんは出社した。その後照屋さんが家に戻ると、奥さんも子どももいなかった。置き手紙にはこう書かれていた。

「離婚してください。詳細は連絡します」

ああ、ついにきたか、と照屋さんは思った。もうどうしようもない。だが子どもを連れて行かれるのは心外だった。落ち込みながらも、照屋さんは毎日会社に行き、奥さんからの連絡を待ったが、三ヶ月経ってもなんの連絡もなかった。しかし日ごとに照屋さんは体調が悪くなり、三ヶ月経った頃には、体重が三十キロも減ってすっかりやせ細ってしまった。

しかし本人にはまったく自覚はなく、毎日成人男子の二倍の消費カロリーを摂っている自信もあったのに、どんどん痩せていった。会社で健康診断にも行ったが、まったく正常だった。

その頃から、家の中に妙な物音がし始めた。夜中寝ていると、壁や室内にパチン、トン、ドン、という音がするようになってしまった。あまりに頻発するので、手を二回、拍手のように叩いてみたり、「うるさいぞ！」と誰に対してでもなく怒鳴ったりしたが、効果はまるでなかった。また今までそんなことはしたことがなかったのだが、東西南北の窓にコップ一杯の水と盛り塩をお供えしてみた。すると夕方家に戻ると、すべてのコップが割れていた。

またある時は家に帰ると、二匹のカナブンがキッチンの電灯の近くでホバリングしていた。それまで先祖が守ってくれていると思っていた照屋さんは、その時例えようのない寒気を感じたという。

「これは……先祖じゃないんじゃないか」

そこで子ども用の虫取り網でカナブンを捕まえてみた。だが何かおかしい。

二匹とも、先端に丸いプラスチックの付いたマチ針がお腹に突き刺さっていた。照屋さんは悲鳴を上げて、二匹を庭に放り投げた。

また別の日に家に帰ってくると、家中の食器がひっくり返り、テレビが台から落ち、洋服ダンスの中のものが全部床の上にぶちまけられていた。まるで誰かが部屋を荒らしたようになっていた。一瞬奥さんがやったものかと思ったが、彼女が出て行ってから、外に鍵を一つ増やしていたのを思い出した。その鍵は壊されてもいなかったし、そもそもその鍵を奥さんは持っていない。

そのようなことが続いたので、照屋さんは自分の会社の社長に知り合いの霊能者を紹介してもらった。アメリカ人の霊能者で、名前はジョンさんと名乗った。社長いわく、「凄い力がある人だ」とお墨付きを貰った。

夕方、会社を早退した照屋さんは、沖縄市にあるジョンさんの家に向かった。

ジョンさんは日本人の奥さんと二人の子どもと一緒に住んでいた。居間に通された照屋さんは、暖かいミルクコーヒーを出されてから、自分にいろいろなことが起こったのだと話をした。奥さんとの離婚のことは最後に話そうと、取っておいた。

「あの、最初にですね、離婚という言葉が見える」とジョンさんが言った。「正しいですか?」

「はい、おっしゃる通りです。もめてます」

「彼女はパワー強い人だね。おかしなことしてるの、見えるよ。きっとこれは、誰かから習ったはず」

「な、なんですか？」

「神棚みたいなところに、生きているビートル、二匹捕まえてきて、針で刺して、それに念を送ってる。これは黒いし、重いし、死んだ人がサポートしている。きっとあなたはビートルとかマンティスみたいなものに、付きまとわれているはず」

「ビートル？　カブトムシじゃなくて、それ、カナブンでしょうか。一センチくらいの、緑とか黒い昆虫……」

「その通り。それだね」

「マンティスはなんだろう？」

「カマキリよ！」キッチンにいたジョンさんの奥さんが皿を洗いながら大声で言った。

「カナブンもカマキリも、どちらもいました。なんでこんなところにいるのってぐらい」

「それはね、あなたにも問題ある。あなたは奥さんが対話したかったのに、しようとしなかった。だから奥さんは、魔術を使って念を飛ばして、あなたを監視してた。それが正解だよ」

「ああ、先祖じゃなかったんですね」

「違う。先祖はスパイしなくても、一緒にいるでしょ。相手は悪意があって、あなたの全部を監視して、やっつけたく思っているよ。だからこんなことをする。あと死んだラットも見える」

「はい、ありました。あれもそうなんですか？」

「あれはあなたのエネルギーを奪うため、呪いですよ。身体のパワーを奪うわけ」

「最近家の中で変な音がしたり、コップが割れたりしているんですけど」

「それは結界のつもりだった？　それでは弱い。簡単に相手の生霊に破られた。沖縄の言葉でイチジャマでしょう？　イチジャマはホントに恐ろしい。まだ離婚してないね？」

「はい、すぐにします」

「相手の考えを読めたので、あなたにそれを言うと、結婚しているうちにあなたが死ねば、保険金は彼女のものでしょ。だから今連絡しないで、あなたを自然死させて、保険金を貰おうと考えてる。また相手は女がいる。彼女は浮気している。その女と」

「ああ、女、ですか?」

「そう。彼女にも黒いパワーがある。たぶん、彼女が全部教えた。前世は二人ともウィッチ、魔女だった」

「ああ……」

「あと、あなたの家にはイチジャマが飛び交ってる。あなたも奥様にイチジャマを飛ばしている。もう戦争みたい。あなたは意識していない。けど、それは飛んでいる。あなたが家庭のことについて、奥様に喋らなかったのが悪い。お互い、知ってるか知ってないか、わからないけど、イチジャマは飛ぶよ。このままでは相手が強いので、あなたは突然死して、保険金を奥様が受け取る。そう、はっきり見えています」

もはやどんなおかしなことを言われても、照屋さんは信じただろう。ジョンさんの語る言葉のすべてが腑に落ち、彼のパズルのピースは次第に埋められていった。

「私はどうすればいいのでしょうか?」

「イチジャマは解決が難しいね。正直に奥さんと話して、さっさと離婚するのが一番ですね。そうしないと、あなたが死ぬまでイチジャマは飛んでくるでしょ。だから一度会って、このセッションのことも話しなさい。視《み》える人がこう言っているんだけど、本当のところはどうだろうって？　それでもね、きっと相手はね、否定するはずですよ。でも、それで解決する。向こうが自分の事を知っていると思えば、相手はそれ以上攻撃して来ないはず」

ジョンさんはそんな風に言葉を締めくくった。


それからしばらくして、どうしても話したいと奥さんに長文のメールを送った。電話をかけても着信拒否されるので、という書き出しで、カナブンのこと、カマキリのこと、死んだネズミのこと、そして竹生島のこと、霊能者に会って話をしたこと（ジョンさんの名前などは一切書かなかった）、そんなことを全部メールに書いた。

すると一週間後、相手から電話がかかってきた。

「ねえ、あのメールに書いてあったこと、誰から聞いたの？　視える人ってどこのユタさん？」

「それは言えないけど、本当のことだと思う？」

しばらく沈黙があってから「ちょっとある人に代わるね」と言った。

「もしもし？」明るい女性の声が聞こえてきた。「あんたが旦那さま？」

「そうです」

「へぇーっ、もっと根暗な感じの人かと思った。えーと、私が奥さんのパートナーなんだけど、旦那さん……」

そこで言葉を止め、やがて電話口で意味不明な外国の言葉のような、呪文のようなものを早口で喋り始めた。

「……アカシックパワー！」

最後の言葉はそういう感じだった。それしか覚え切れなかった。

「なんですか。私を呪文で殺すつもり？」

「ハハハ、早く死ねば、お子さんにも保険金っていう遺産を残せたのにね」

「あなた、何様のつもりなんですか？」

「私？　宇宙の創造者です。今すぐお前を消してやってもいいんだけど、あんたさ、面倒くさい神様がついてるね」

「どんな神様ですか」

「教えない。勝手にやればいい。チレ！　チレ！」

そう言って、相手は電話を切った。

それからしばらくして、相手からサインした離婚届が送られてきた。そして子どもの親権も手放すという。サインして送り返し、やがて離婚が成立した。やがて照屋さんはシングルファーザーとして子どもを育てることになった。

今子どもたちは保育園に通っているが、よく送り迎えの時に、カナブンがホバリングしているのを見るという。

ある時、会社のベランダでタバコを吸っていると、目の前にカナブンがやってきた。照屋さんは蚊避けに置いてあった殺虫剤を急いで手に取ると、カナブンに向かって噴射した。

相手はきりもみしながら、駐車場の植え込みに落ちていった。それから殺虫剤をいつも手にするようになり、見かけたら即噴射を繰り返していると、やがてカナブンもカマキリも寄ってこなくなった。

後日、気になることがあったので、再びジョンさんの元に向かい、話をした。

「ところで、相手の女が言っていた私についている神様って、一体どんなものなんですかねえ」

するとジョンさんは顔に笑みを浮かべながらこう言った。

「言いません」

「なんで?」

「言うと、あなたが高慢になるから。神様は教えるなって。あなたはすぐに怠けたり、おかしなことをやろうとする。だから、私は言えない。あなたが成長するために、知らない振りをします。オーケー?」

そう言われて、照屋さんは何も言い返せなかった。

今でも子どもと一緒にいる時には、時折カナブンが飛んでくるという。

自治会連絡掲示板（利用者は申請すること）

これは諸喜田《しょきた》さんという女性の話である。

誰にでも心の闇はあるものだ。ほとんどの場合、そういった闇は他者には隠しながら、人は生き続ける。

その闇がどんなに深くとも、誰にも頼らず、人知れずそれを抱えながら生きている人はごまんといる。

諸喜田まゆみさんは世間一般でいうところの「なんでも屋」なのかもしれない。今年で三十六歳になる彼女は、行政書士という立派な肩書きは持っている。だが時折、その優しい人柄からか、本来の業務とは違った仕事が舞い込んでくることがある。

最初、これもそんな仕事の一つだと、諸喜田さん自身も思っていた。

知り合いが経営する老人ホームが、豊見城《とみぐすく》市の山の上にあった。経営状態も問題なく、労務も税務も諸喜田さんが見ているおかげで、スムーズにいっていた。だが経営者の山田さんは、ある日、仕事の話で諸喜田さんの事務所に寄った際に、「あの、今ちょっとだけ時間ありますか？」と切り出してきた。

「いいですよ。午後は来客がありませんので」

「よかった」

山田さんはそう言って笑顔とも不安ともつかない顔をした。山田さんは六十歳で、諸喜田さんとはもう十年以上の付き合いがあった。

「実はね、噂というか、なんというか、どこから切り出せばよいかな」

山田さんはソファに一度座り込むと、両手を目の前で擦り合わせながら、こんな話をした。

「老人ホームでも、扱っているのは人間、だからいろいろと問題も出てくるんですよ。利用者と職員、そして職員と職員、あるいは、利用者と利用者。人間だから、合う合わないってあるんですよ。ねたみ、やっかみ、嫉妬。人間だから、そういったことがやはり出てくるわけですよね。実は職員さんでマサ子さんという六十歳くらいの方がいるんですが。彼女、自分をフタバだって言い張ってまして」

「フタバ？」

「ユタの用語らしいんですが、壊れたウタキとか井戸を再建する人。倒れた神様を助ける人のことらしいです。従って神様と話せるらしいんです」

「初めて聞きました」

「そりゃ私もです。それで他の職員に隠れて、利用者さんにお金を貰ってユタグトゥ（ユタに関すること）を行っていました。利用者は老人であっても、好きな人ができたり、孫の結婚のことで悩んでいたり、また亡くなった夫や親族に関することもあったようです。まあそれくらいなら、職員も十分目をつぶれたんですが、ちょっとした問題が起きましてね」

「どんな問題ですか？」

「実は一人の老人が死んだんですが、それについてマサ子さんが関係していると、利用者さんの一人からタレコミがあったんです。実はマサ子さんが、他の利用者からお金を貰って、その老人を呪い殺したって、そういう話でした」

「呪いですか。穏やかじゃない話ですわね」

「そうです。まったくそうです。本人はあからさまに否定しましたよ。で、その方法というのが、当施設の外にある、自治会の掲示板なんですよ」

「掲示板って、ポスターとか集会の予定が張り出してある、アレですか？」

「そうです。ちょっと立派な立て看板みたいな感じの、アレです。その利用者さんによると、その掲示板の裏側に、嫌いな人の名前を書くと、その人が死んでしまうという話なんです」

「それをみんな信じちゃっているっていうことですか？」

少しだけ、冗談っぽく諸喜田さんは言った。

「違うんです。確かに何かあるんですよ」

山田さんは真剣な顔でそう言った。

「マジメな話なんですね」

「そうなんです。それが困ったところで」

「なんで名前を書くだけでその人が死ぬんですか？」

「それがね、私も知っている話なんですが、その掲示板のあった場所には、もともと小さいウタキがあったんです。それがなぜか、今から十年ほど前に、当時の自治会長が

『このウタキは間違った場所に建っている』って言って、業者を呼んで壊してしまった。一応、ムラウガミ（集落で毎年拝むこと）もしているような神聖な場所だったんです。それで、勝手に今のような掲示板を立てさせたんです。だからそんな噂が立ったのかもしれませんが、その話を聞いて、私も掲示板の裏側を見に行ったんです。すると、よく知っている利用者の達治さんという男性の名前があった。赤いペンでフルネームで書かれていて、それからすぐに達治さんは脳梗塞で亡くなったんです」

「偶然じゃないんですか？」

「まだあるんですよ。もう一つ名前があって、それは利用者にも職員にも該当しない名前でした。単なる落書きだろうと思っていたら、ある日職員の母親が交通事故で亡くなりました。母親の名前がその書かれた名前だったんです。その職員は実はマサ子さんに冷たく当たっていることがあったようで、職員の間では呪われたとか、いろんなことがいわれていましてね。その職員は結局辞めてしまいました。いやあ、もうなんか、その対応で神経がすり減っているというか。疲れてしまいましてね」

そう言って山田さんはうなだれてしまった。

「うーん、それは大変そうですけど、話し合いで解決できませんか。行政書士の私が入っても、何も解決しない問題だと思いますが」

「それはそうなんですが、私にももうどうしたらいいかわからんのです。ユタにでも行こうかと思いましたが、そもそも私はユタとか霊能者とか大嫌いでね。誰に頼んだらいいかわからなくて」

「うーん、まあ一度、その掲示板とやらを見に行ってもいいですか？」

「もちろんです」と山田さんが言った。「ぜひ、お願いします」


次の日の朝、諸喜田さんは老人ホームを訪れて、車を駐車場に入れて、一旦外に出た。教えてもらった掲示板は、施設を出てから二分くらいの広場にあった。一直線に伸びた道は、その昔、ンマハラセーといって、馬の走る姿を競う琉球競馬の馬場（馬を走らせる場所）であった。一直線に広く伸びた道は眺めもよく、片側には植えられたリュウキュウマツが生い茂っていた。その道の途中に、錆びた掲示板がポツンと立っていた。いろんなポスターや文章が貼ってある。「自治会連絡掲示板（利用者は申請すること）」と書かれてある。掲示板には雨がかからないようにガラスの扉が取り付けてあり、鍵が掛かっている。近くのホールでクラシックの定期演奏会があるらしい。知らない沖縄の演歌歌手が公民館でチャリティコンサートをするらしい。日曜朝市は今月は朝八時開始です。暮らしの相談会は水曜日の午後一時から公民館で。

なんの変哲もない掲示板であった。

裏側に回ってみる。それを見て諸喜田さんは、背筋がゾッとした。

裏側は木製のベニヤが丸出しで、そこに数限りないくらい、黒や赤のマジックペンで文字が書かれていた。消された文字もあった。人の名前らしきもの。「殺す」と角ばった字体で書かれている。梵字のようなものもある。写実的なげっそりと痩せた人の顔。デッサンとしてはなかなか上手だろう。そして一番下に、こんな文字が太字で書かれていた。

「この文字を消すもの、己も消去させられる。サワルナ！」

あまり関わってはいけない、と諸喜田さんの心の中で何かが警鐘を鳴らした。呪いが本当にあるわけではない。これは単におぞましい人間関係から生まれた、なんらかの狂気をはらんでいる。一刻も早く撤去したほうがいい。

すぐに諸喜田さんは老人ホームへ向かい、山田さんと面会した。

「山田さん、掲示板見てきました。書き込み、凄いですね」

「そうでしょう。どうしていいのか、さっぱり……私の施設内であればすぐにでも燃やしてしまうんですけど、自治会のものですしね」

「あの、フタバの方とは話ができますか？」

「話をするんですか？　やめたほうがいいと思いますよ」

「恐ろしい方なんですか？　暴力的な方とか」

「いいえ、暴力はまったく振るいませんよ。だってフタバなんですから」

山田さんは若干躊躇《ちゅうちょ》した感じだったが、すぐに電話で誰かと話して、マサ子さんを下に呼んでくれた。諸喜田さんは下の娯楽室へ一人で降りていった。

マサ子さんはテレビから離れた壁際のひっそりとした場所に一人で座っていた。白髪で施設のユニフォームであるピンクのシャツを着たやせ細った老女だった。諸喜田さんは自己紹介すると、横の椅子に座った。

「行政書士なんですか」とマサ子さんは言った。「さぞお金のことについては詳しいんでしょうね」

「お金ではなくて、法律とか、日頃の面倒な手続きについて日々学んでいます」

「今回は私を倒すためにいらっしゃったのね」

「倒すだなんて、どうしてそんなことおっしゃるんですか」

「だって私はあなたに倒されるんですよ。他に道はない。最初からそう決まってる。とうとうそれが私のもとにも来た。戦時中の赤紙のように、グソーヌツカイはやってきた」

「グソーヌツカイ？」

「グソー、つまり霊界からの使いのことです。あなた方言あまり知らないんですね」

「そうですね。あまり知りません。教えてくださいね」

「私もそんなに知りませんよ。両親は沖縄、生まれも沖縄ですが、十歳で横浜に行きましたから。三十歳になって沖縄に帰ってきたんです」

「どうして帰っていらしたんですか？　お仕事で？」

「いいえ、神様に呼ばれたんです。帰ってこないと殺すと」

「まあ」

「でも殺されませんでしたよ。この通り、ぴんぴんしております」

「そうですね。お元気そうに見えます」

「私の身の上話を聞きたいですか？」

「ええ、ぜひ」

マサ子さんは一息つくと、こんな話をした。

マサ子さんは十歳まで那覇市で暮らしたが、父親の就職先が横浜になったので、そのまま引越しをして、三十歳までそこにいたという。本土の大学を出て、自動車部品の会社に就職した。人生は順風満帆であった。だが二十八歳になった頃、いろんなおかしなことが起こり始めた。

その頃、横浜で一人暮らしをしたマサ子さんは、夜寝る前に部屋の中がフラッシュを焚いたように光りだすのを何度も経験した。音もなく部屋が光るのだが、一体何が光っているのか、その光源が特定できない。まるで空間そのものが発光しているようであった。

やがて眠っていると、どこからか足音が聞こえてくる。藁で作った草履を履いているのが視覚でも確認できるが、夢なのか現実なのかもわからない。やがて眠っているマサ子さんの腕を誰かが引っ張るのである。

「ユーウヮトール！」女性の声がそう聞こえた。

意味がわからない。方言は簡単なものしか理解できない。やがてマサ子さんは母親に相談した。母親はユーウヮトールの意味がわかったようだったが、なぜかマサ子さんにはそれを伝えなかった。

「その声は女ね？」と母親が言った。マサ子さんは頷いた。

「あんたはね、曾祖母の生まれ変わりかもしれない。あんたの曾祖母はマカトという名前で、ユタだった。でも彼女のお母さんが、マカトがユタとして生きていくことをやめさせたかった。だから集落の別のユタに頼んで、そのマカトのユタとしての力を取ってもらったんだよ」

「そんなことできるの？」

「できるよ。でもそれは単に運命を先送りさせることに他ならない。曾祖母は外れたが、いつかそれは曾孫《ひ》の女性に現れる。つまりお前に現れる。だから嫌な予感がしてね。私と父さんは沖縄を離れて横浜に来たんだよ。でもとうとう来たんだね。こうなったらまた別のユタさんを探して、取ってもらうしかないね」

そこで母親とマサ子さんだけ、沖縄に戻ってきた。何人かの外してくれるユタを探したが、あまりうまくいかなかった。マサ子さんと母親は、石垣島から徳之島まで、琉球弧の島々をほとんど回ったという。だが芳しい結果は得られなかった。

そんな時、あるユタと話をしている時に、マサ子さんはこの言葉の意味を知っているかとユタに尋ねた。

「ユーウヮトール」

「世が終わっているという意味だね」とそのユタが答えた。「つまり世直ししろということさ。あんたがね」

それから横浜に帰っても、声は毎日のように聞こえた。部屋は光るし、当時付き合っていた彼氏はそれを怖がって出て行ってしまった。寝不足で職場でもミスが目立った。そこである日、彼女は会社を辞め、単身沖縄へ戻ろうと決意した。

沖縄へ帰ってからは、老人ホームなどで働きながら、休みの日は導かれるまま、いろんなウタキやシジダカドゥクル（神聖な場所）を回っては、様々な神様の声に耳を傾けてきたという。

「そんな感じで、今に至ります」とマサ子さんは言った。「私はもう六十を越えているから、シルバー枠で働かせてもらっているけどね、まあもうすぐクビになりそうだね。

そのためにあんたが来たのは、十分承知しているよ」

「いいえ、私はただ話を聞きたいだけなんです。もう少し聞きたいのですが、今職員の間で話題になっているそうです。あなたがその、人を呪い殺したと」

「それは間違っているよ。どうして神様の声に従うものが、人を呪い殺すかねえ」

「まあ確かにそうですね」

「私じゃないよ。あんたさ、あの掲示板に行ったね?」

「ええ、さきほど」

「知ってるよ。後ろの人が、そう言っている」

「そうなんですね」

「そうだよ。すべての元凶は、アレだよ」

「掲示板ですか」

「あそこにいるものさ。ウタキを壊した話はきっと聞いているだろう。ウタキにもいろいろあってね、神様を祀った普通のウタキはいいほうだよ。壊しても、あれは神様の容器かよりしろにすぎないから、神様の力は弱るけれども、また再建すればなんとかなる。だが何かを封じ込めるために作ったウタキを壊したら、もう大変だよ。今回みたいにね」

「何かあそこに封印されていて、壊したことにより外に出てきたってことですか」

「そうだよ」

「何が出てきたんですか」

「それはわからない。何か恐ろしいものだろうね。壊された時に、私は声を聞いた。世にも恐ろしい言葉を叫んでいた」

「何て聞こえたんです？」

「カジヌミチ、ヒラチュン」

「意味は？」

「カジは悪霊のこと。沖縄では悪霊はヤナカジとかワルカジっていうんだよ、ヒラチュンは開いた。つまり悪霊の道が開いたって意味だね」

「恐ろしいですね」

「そうだよ。だから私はここにいるけど、それを止めるためですよ。あんたが信じなくてもどうでもいい。私はそれをやるだけ。でも彼らは、私が人を呪い殺したと勘違いさせて、ここから追い出したいようですね」

「あの、最後に聞きたいのは、あそこに名前を書くことによって、本当に人が死ぬんでしょうか」

「ああ、それはあるだろうね。でも私がそれを教えたんじゃない。前の自治会長ですよ。ウタキを壊した。もうすでに昨年自殺しましたけどね。自殺をするまでアルツハイマーをわずらっていて、ここに入所していましたよ」

「そうなんですね」

平静を装《よそお》いながら、諸喜田さんはそう言った。

ところが心の中は平静どころではなかった。

何か黒くて重たいものが、胃の中に溜まるような感覚がずっと続いていた。


全部の話を終えてから諸喜田さんが立ち上がろうとすると、マサ子さんは彼女の袖を掴んで離さなかった。

「諸喜田さんといったね。あんた、絶対にやめなさい」といきなりマサ子さんはそんなことを言った。

「なんの話ですか?」

「後ろの人がやめなさいと言った。ただそれだけ」

「一体何をやめるんですか？」

「それは教えてくれなかった。ただやめなさいと、あんたに伝えるように言われた」

「……そうですか」

「あんたがそれをしたら、私も終わるんだよ」

「意味がわかりませんが」

「嘘をつきなさい。あんたはもう知ってる。グソーヌツカイ……」

マサ子さんは睨むような目つきで、諸喜田さんを睨みつけた。だがその時、諸喜田さんの心の中の何かが笑っていた。とんでもなく小さな声で、だが勝利を宣言するものが、ずっと笑い続けていた。

「ありがとうございました。失礼しましょうね」

そう言ってから諸喜田さんは老人ホームを出た。

身体中に鳥肌が立っていた。憎しみとも悲しみともつかぬものが、身体中を震わせていた。

諸喜田さんは家に帰ったが、いらいらして、その夜はまったく眠れなかった。

彼女は那覇市のマンションに一人暮らしである。

その昔、彼女には一人娘がいた。もう十年も前の話だ。

夫は弁護士で、彼女は行政書士。二人は協力して仕事を続けていた。やがて夫の浮気が発覚したのは、子どもが二歳の時だった。ある時、知らない発信元からメールが来た。無料で作れるホットメールからだった。

「あなたの旦那さんは浮気をしています」

文面はそれだけで、あとは夫と彼女の名前がフルネームで書かれてあり、添付ファイルがあった。開くのはいろんな意味で怖かったが、気になった彼女はそれを開いてしまった。

それは事務所で裸で抱き合っている、夫と弁護士事務所の経理の女性社員の姿だった。いわゆる内部告発というものであった。

その日から彼女の頭はかき乱され、仕事が一切手に付かなくなった。

ある日の夜、子どもが寝たあと、夫を呼び出して、キッチンのテーブルに座らせた。

「これ、どういう意味かしら?」

プリントアウトした写真を見せて、事情を問い詰めた。

すると夫はあっさり浮気を認めた。それどころか、浮気は必然であり、浮気をしたのはお前のせいだとおかしなことを言い始めた。あまりの捻じ曲がった理屈に諸喜田さんの心は混乱し、正座した夫を蹴飛ばしてしまった。

彼女は一時的に精神錯乱のような状態になり、家の皿を壊し、新居の壁を蹴って穴を開けてしまった。

それから二人は離婚することになった。当然の帰結であった。親権の話になった際に、夫は「親権は私が持つ」と言いはじめた。

「わけがわからない。あなたどうやって育てるつもり？」

「それはお前に関係ない。お前は暴力的で母親にはふさわしくない」

後日、彼が代理で立てた弁護士から、恐ろしい内容の手紙が来た。

それには映像記録のＤＶＤが一枚入っており、音声のない映像が収録されていた。

離婚を切り出した日、諸喜田さんが夫を蹴り飛ばし、皿を割り、壁に穴を開けた映像が入っていた。音はすっかり消えていた。

手紙によると、この映像は日頃から暴力を振るっていた諸喜田さんの暴力的性格を示唆するもので、彼女は養育権を持つにはふさわしくない人格の持ち主であると書かれていた。諸喜田さんは必死に自分の無実を訴えたが、いかんせん相手は弁護士及び弁護士軍団であった。親権を取り戻す訴えは現在も続けているが、あまり未来は明るくなかった。

夫は今では浮気相手と結婚し、二人子どもが産まれている。弁護士事務所も順調のようだ。

このままでは埒があかない。

その時に彼女の心の中にあったのは、夫を消し去ることができれば、どんなに心が晴れるだろう。子どもを取り返すことができれば、どんなに人生が明るくなるだろうということであった。だからマサ子さんが別れ際に言った言葉は、まるで心を見透かされているかのようだった。

「諸喜田さんといったね。あんた、絶対にやめなさい」

マサ子さんはそんな風に言った。

「いや、違うんだから」

なぜか彼女はその言葉に対して独り言を喋っているのに気がついた。

「だって呪いなんかないでしょう？　ウタキを壊して悪霊が出てきたなんて、おかしくない？　だから、冗談で名前を書いてみたらどうかしら。あくまで冗談。誰の名前にしよう？　だって実験だもんね。だから、夫の名前にしてみただけ。あ、いや、元夫だけど」

眠る前にも彼女はブツブツと何かを喋っていた。

「神様お許しください。あいつがやったことに対する裁きをお願いします。私は何も悪くありません。人生を元に戻したいんです。どうか裁きをお与えください」

次の日、山田さんと会うことになった。

「ところで、マサ子さんとはどうでした？」と山田さんが尋ねた。

「ええ、話しました。とてもよい方でしたよ。穏やかな方で、人を呪い殺すようには見えませんでした。それよりも、彼女から詳しく話を聞いて、彼女の言う通りに行ったほうが、すべてうまくいくと思います」

「どういうことですか？　彼女を信用しろと？」

「そうです。話した限りでは、彼女は呪いなどかけていませんでしたよ」

「そうなのか。実は私は怖くて話ができていないんだ」

「この後、ぜひお二人でお話をされたらいいと思います」

「ぜひそうしよう。あなたも同席してくれますか？」

「あの、私は急用があって、今すぐ出かけないといけないので、できればそのお話は明日以降にでもゆっくりとお聞きしますね」

彼女はそう言ってそそくさと駐車場に行き、車に乗って老人ホームを出た。

心臓がいつもより速く鼓動した。血圧が上がり、耳鳴りがした。

そのまままっすぐに行き、掲示板の前で車を止めた。

「神様お許しください。全部愛する娘のためです」

彼女はそんな独り言を言った。

車を降り、鍵をかけた。ポケットには太字の油性マーカーが入っている。

沖縄の眩い真夏の日差しが降り注いでいた。蝉の大群が四方八方で狂ったように鳴いている。果てしなく伸びる馬場には、彼方で陽炎が立ち昇っていた。

周囲には誰もいない。呪いをかける際は、他者に姿を見られないほうがいいと聞いたことがある。そのまま素早く掲示板の裏に回る。ちょうど空いたスペースを見つけた。

そこに元夫と浮気相手の名前を書いた。当然のように筆圧は強くなり、筆先は怒りで震えた。蝉の声が一瞬すべて途絶えた。

集落の中は沈黙に支配された。耳鳴りがする。眩暈もした。

彼女はそそくさと車に乗り込むと、猛スピードでその場を離れた。

彼女は私宛のメールの最後にこう記していた。

「私は悪いことをしたとは全然思っていません。そもそも自治会の掲示板が呪われているなんて、有り得ません。客観的に見たら、そこに油性マジックで落書きをしただけです。そもそも論でいえば、浮気をしたのは彼であって私ではない。そういうことです。長々と話を読んでくださってありがとうございました。名前と場所をぼかしてくだされば、何を書いてくださっても結構です。それでは、失礼します」

これは諸喜田さんという女性の話である。

誰にでも心の闇はあるものだ。ほとんどの場合、そういった闇は他者には隠しながら、人は生き続ける。

その闇がどんなに深くとも、誰にも頼らず、人知れずそれを抱えながら生きている人はごまんといる。

諸喜田まゆみさん（仮名）は現在一人娘と一緒に、那覇市内で暮らしている。

マサ子さんについては、それからすぐに身体を壊して、施設を退所せざるを得なかったとだけ、わかっている。その他のことについては、一切不明である。

マウガン

　リサさんの父親はアメリカ兵である。どこにいるのか、誰なのかもわからない。彼女が物心ついた時に父親はもういなかった。母はコザで水商売をしている女性で、リサさんが十五歳の時に、彼女を一人残して奄美へ引っ越してそこでスナックを始めた。

　リサさんはまったく知らない奄美へ引っ越すのはイヤだったので、母の妹のところに一緒に住んだ。あとで知ったのだが、母親が沖縄で知り合った男性が奄美の出身で、地元に帰るので一緒についていったようだった。どうもリサさんは相手の男性にとってはお荷物だったようで、奄美に引っ越した母からは一切の連絡が途絶えてしまった。

　二十二歳になった時、リサさんは男性のもとを点々として、コザや中の町のスナックで働いた。いつも男運が悪く、付き合う男性ほぼすべてに裏切られ、ある時はなけなしの十万円を持ち逃げされた。その相手は役所の福祉課の男性だった。だんだん彼女は人が信用できなくなり、酒に溺れ、生活が不規則になった。

そんな折、パブロという男性と出会った。相手もスペイン系アメリカ人とのハーフで、父親のことはまったく知らなかった。その共通点で二人は親密に付き合うことになり、やがては赤道というスナック街の雑居ビルで同棲するまでになった。

リサさんはパブロと結婚するつもりで毎日スナックで遅くまで働き、パブロはバーを開店したいと、毎日そのための本ばかり読んでいた。

やがてリサさんのお腹には、パブロとの子どもが宿った。

嬉しい。私は母親になるの。この子だけは絶対に不幸な生活のサイクルにはめたくない。リサさんは毎日甲斐甲斐しく働いた。パブロも彼女が妊娠したことを喜んでいるようだった。少なくとも、彼女にはそう見えた。

ある日スナックから帰ってくると、パブロからの手紙があった。そこにはこんなことが書かれていた。

「リサすまない。僕は子どもを育てる自信が、精神的にも経済的にもない。ごめんよ。あと好きな女の子ができた。これで許して欲しい」

封筒には五万円が入っていた。

これっぽっちの金でどういうつもりなのだろう。五万円と手紙の入った封筒を持って彼女は固まってしまった。ぜんぶ壊れた感じがした。生まれた時から一人ぼっちだったが、とうとう全部失って完全無比な一人ぼっちになった感じがした。

それでも彼女はお腹の赤ん坊のために、毎日スナックで働いた。だがある日を境に、身体におかしな感覚が感じられるようになった。

お腹の赤ん坊の気配がしない。

まるで石仏を宿しているみたい。

医者に行くと、若い女性の医者が泣きそうな声でこう言った。

「流産しています。ごめんね」

とてもよい医者だった。彼女の身の上を理解して、いつも優しく声をかけてくれた。その彼女が事実を告げてから、真摯な表情で彼女と向き合っていた。リサさんは泣いた。もう全部失った。父親も母親も彼氏も赤ん坊も、全部私の手の中を通り抜けていく。後には何も残らない。私はまるで世界に解けることができない異分子のように思えた。

リサさんはその話を勤務先のスナックのオーナーである隆司さんに打ち明けた。

「まさかや……」

隆司さんは絶句した。その夜、ずっと泣いていたリサさんは、心配した隆司さんから勤務途中に連れ出され、深夜までやっている焼肉屋で話を聞いてもらった。

隆司さんはリサさんの話を最後まで聞いて、非常に優しく接した。食事が終わると深夜の二時になっていた。隆司さんは酔っ払ったリサさんを一緒にタクシーに乗せ、自分のタワーマンションまで連れ帰った。

リサさんが目を覚ますと、隆司さんが全裸でのしかかっていた。その手にはスマートフォンが握られ、その場の性行為を録画しているようだった。やめてと何度言っても通じなかった。ようやく事が終わると、リサさんは半狂乱になって、隆司さんの部屋のものを壊し始めた。殺してやる殺してやると大声で叫びながら、その場にあるものをめちゃくちゃにして、それから服を着て、衝動的に部屋を出た。

行くところがない。誰も信用できない。この世は腐りきっている。

彼女が歩いていると大雨が降ってきた。坂を上り、公園にやってきた。

公園の後ろは深い森になっていた。そのずっと向こうは米軍基地のようで、彼女は何かにいざなわれるように森の奥へと入っていった。

すると石で作られた巨大な古墳が現れた。山の斜面をくりぬいて造った墓で、その入口は普通は石かコンクリートで蓋をするのだが、ぽっかりと大きな口をあけていた。

彼女は中を覗いた。

「お邪魔します……」

そう言って中に入ったが、そこは空っぽで何もなかった。なぜか古びた箒が一本と子ども用の錆びた自転車が転がっている。ジーシガーミ（骨壷）は取り除かれていた。

そこにいると暖かくて、雨が入ってこなかった。

彼女は墓の中に横たわり、遠くで鳴る雨音に耳を傾けながら、眠った。


眠っていると夢を見た。

どこかの浜辺にいると、遠くから巨大な赤ん坊が上を向いたまま流れてきた。

すぐにリサさんは、それが自分の赤ん坊だとわかった。泣きながら近寄ると、それは一瞬で消えた。

目が覚めると雨は止んでいた。

昼過ぎまでそこで眠っていた。立ち上がる元気がなかった。携帯はまだ電池があったが、着信履歴が沢山残っていた。隆司からのもの、産婦人科の女医さんからは沢山のメッセージ。同じくスナックの同僚からもメッセージが入っていた。

それらを読むこともなく、彼女は携帯の電源を切った。

夜になると無性にお腹が空いた。彼女は外に出た。

星空が美しかった。天の川がはっきりと見渡せ、彼女は公園の水道まで行って、ガブガブと飲んだ。それからベンチに座って、ぼんやりと天の川を眺めた。

その時、彼女の視界に何かがこちらに近づいてくるのが見えた。

それは高校生くらいの痩せた女の子だった。ボロボロのシャツにトレーニングパンツを穿《は》いている。右手には懐中電灯を持っていた。最初はお化けかと思ったがそうではなかった。

「こんばんは」と相手が言った。

「こんばんは」と彼女も答えた。

「昨夜、そこのお墓に入っていくのを見て……」

「ああ、うん。入った」

「そこ、座っていい？」

「いいよ」

女の子は向かい側のベンチに座ると、自己紹介した。

彼女の名前はヒロコといって、両親が離婚して、二人とも彼女を捨てて出て行ってしまった。もうすでにここに暮らして三ヶ月になるという。ここ、というのは、公園の林の中である。

「私の家、来る?」

そういってヒロコさんに連れられて、昨夜入った古墓とは反対のほうへ連れて行かれた。そこにも大きな古墓があった。ヒロコさんはそこで暮らしているという。墓の中には洗面器やタオル、空のダンボール箱、粗大ゴミのカラーボックスや電池式のランタンやカセットコンロまであった。

「全部捨ててあったの。食べる?」

墓の中に入ったリサさんは、ヒロコさんからパンの耳とイチゴジャムを差し出された。お腹が空いていた彼女は、むさぼるようにそれを食べた。

それからお互いの身の上話をして夜は更けていった。ヒロコさんもリサさんに負けず劣らずの数奇な人生、言い換えれば酷い人生を送ってきたようだった。そんな話をしていると、いつのまにか墓の外はぼんやりと明るくなり始めた。

するとで何か物音がした。

誰か来たのかと思って振り返ると、かろうじて人影だとわかる真っ黒なシルエットだけが墓の入口に見えた。リサさんはびっくりしたが、ヒロコさんは驚く彼女を制止して、「大丈夫だから」と言った。

「今日は帰ろうね」と相手が言った。男性のだみ声だった。

「わかった。また明日ね」

「新入りかあ」

そう言われたので、リサさんは「はじめまして。よろしくお願いします」と言った。

「ユタサルグトゥ（よろしく）」相手はだみ声で言った。

ユタサルグトゥなんて、日曜日の昼にやっている郷土劇場でしか聞いたことがない方言だった。リサさんは頭を軽く下げて挨拶を返した。

「じゃあね。おやすみ」とヒロコさんが言った。相手は軽く頷くと、そのまま足音をザッザッと響かせて、どこかへ行ってしまった。

「あのおじさん、ここに住んでる人？」とリサさんが尋ねた。

「そうよ。死んでるけどね」とヒロコさんが言った。

「嘘ばっかし。怖いこと言って驚かすつもりでしょう?」

「すぐにわかるから」そうヒロコさんは言った。


次の日、リサさんは自分の古墓で夕方まで眠っていた。日が暮れてくると、ヒロコさんがコンビニのビニール袋を持ってやってきた。ヒロコさんの後ろに、三人の子どもくらいの身長の真っ黒いものがついてきていた。

「それは誰?」

「見えるんだ? これはお友達。気にしないで。唄ってるだけ」

「ええ? ああ……」

見ていると、それは真っ暗な墓場の中で踊るように動いている。やがて「アーウェイ!」とか「アワワイヤー、アワワイヤー」などと、早回しの音声のようなか細い声でわめき始めた。

「ちょっとうるさいから静かにして」とヒロコさんが言った。

「とりあえず食べて。コンビニでの戦利品」

「それより、後ろのはなんていってるの？　猫？」

「気にしないで。そして猫じゃないから。どれがいい？」

「どうしたの。万引き？」

「失礼ね。期限切れの商品を貰うの。一人親切な店員さんがいてね」

「ふうん、そうなんだ」

二人は期限切れのお弁当を食べ始めた。

「アワワイヤー！　クッキーイ！」

さきほどの黒いものがまた騒ぎ出した。とても小さい声だが、夜の墓場の中ではよく聞こえた。

「あの、これってお化け？」リサさんが尋ねた。

「当たらずしも遠からず。私ユタの家系なの」

「ユタ？」

「そう。祖母は凄い人だったみたい。毎日行列ができていたの覚えてる。この後ろのは私の友達」

「私が聞いているのは、これはその、どういったものか説明できるかってこと。マジムンか何かなの」

「マジムンかもしれないけど、私の友達なの。両親よりも頼りになるし、いつも一緒にいてくれる。それで十分なの」

「ああ、そうよね。そうか。そうね……」

その頃リサさんの神経は若干おかしくなっていたのかもしれない。まるで荒唐無稽なヒロコさんの話を聞いて、確かにそうだと思ってしまった。相手が幽霊でも妖怪でもなんでもいい。最後まで裏切らずに自分と一緒にいてくれる存在こそ、リサさんが求めていたものだった。

「どうやったら、彼らを私も所有できるのかしら」

「わからない。私のシマ（集落）では、よくあるの。宮古島なんだけど。マウガンって聞いたことある？」

知らない、とリサさんは首を振った。

「私のいたシマには、ウタキが八箇所あってね、ある年齢になったら、そのうちの一つが自分のウタキになるの。それぞれのウタキの名前を紙に書いて、パッて空中に放り投げるでしょ。最初に地面に落ちてきたものが、私のマウガンになるの。守護神みたいな意味だけど」

「じゃあ神様って、一杯いるわけ？」

「そう。シマの方言でムムカンっていう。意味は百の神様」

「へえ。そうなんだ。私もつけられるの？」

「シマの人じゃないと無理かな。これがあるせいで、定期的にシマに呼び戻されるし、いいことばかりじゃないわよ」

「どうしてシマに戻されるの？」

「これはシマの神様なの。那覇にいても東京にいても、帰って来いって言うわけ」

「じゃあなたもいつか宮古島に？」

「帰らないといけないみたいだけど。どうやら両親が離婚して出て行ったのは、このマウガンのせいみたい。マウガンが両親を離婚させて、結局私を宮古島に帰したいみたいなの。でも私、宮古で生まれたけど、育ったのは那覇だから、ほとんど覚えてないんだけど」

　そういう彼女の背後には、黒っぽいものが未だにうごめいていた。しかし不思議と怖い感じはしなかった。

リサさんはその様子を見て、とてもうらやましかったという。少なくともヒロコさんには、目に見えない友達が常にいたのだろう。私にはそんなもの最初からいなかった。ずっと裏切られ、利用され、捨てられてきた。

「あなたがうらやましい」と彼女は言った。「憎いくらい、うらやましい」

それを聞いてヒロコさんは疲れたように微笑んだ。もう高校生の顔には見えなかった。なぜか九十歳の老婆の顔にしか見えなかった。


夜が明ける前にヒロコさんは帰って行った。それからリサさんは墓の入口から見える木々の姿をぼんやりと眺めていた。しばらくすると、ザッザッと足音が聞こえ、昨夜のしわがれ声の男性がやってきた。その姿は沖縄芝居で演じられる、昔の琉球の格好そっくりだった。かすりの着物を着て、頭にはウチナーカンプー（先端をお団子のようにして丸めた髪型）をしていた。

「ニンジミソーリ（おやすみ）」男性がダミ声で言った。

「ああ、あの、おやすみ。名前はなんていうの？」

「名前？　ウッチ」

「ウッチ？　それが名前」

男性は深く頷き、それから引き返していった。


次の日のことである。

墓の入口から女性の声がした。

「すいません。聞こえますか？」

リサさんは眠っている振りをして無視を決め込んだ。

「入りますよ。いいですか？」

驚いて身体を起こすと、墓の外側に沢山の大人たちがいる。役所のつなぎの服を着ているものもいる。やがて一人の年配の女性が古墓に入ってきて、こう言った。

「自分たちは役所のものですけど。今日はこのあたりでお墓で生活している若い人がいるっていう情報を得たもので、調査というか、何か手助けができないものかねーと思って、来ているんですよ」

そう言われても、リサさんはポカンとして喋ることができなかった。

「もうどのくらいになるんですか、ここでの生活」

役所の女性が尋ねた。

「たぶん、三日……」

ようやく声が出せた。喉が渇いていた。太陽の光がまぶしすぎて、目をまともにあけていられなかった。ペットボトルの水を差し出されて、彼女はそれをゴクゴク飲み干した。ようやく役所の女性に支えられながら、彼女は昼間の世界に出た。まぶしすぎて何も見えない。

「お一人ですか?」

役場の職員がそう聞いた。

「えーと、あのー……」

モゴモゴと何かを言いかけてしまった。でもあと少しのところで言わなかった。だが職員がヒロコさんのいた古墓に入っていく姿が見えた。そのうち、職員は一人で古墓から出てきて、大声でこんなことを言った。

「ここ、いません!」

あら、そんなことないのにね、とリサさんは思った。きっとヒロコは気づいてどこかへ行ったのかもしれない。でも古墓の中にはいろんな荷物が山のように積まれていた。

不審に思ったリサさんは職員の目を盗んでその古墓に行き、中を覗きこんだ。

荷物が一切合財なくなっていた。まさかあんなに多量のものを素早く運び出せるわけがない。彼女がずっとヒロコさんの古墓の前で立ち尽くしているので、心配した職員がやってきた。

「どうしたんですか？　ここには何かあったんですか」

「いや、実は友達がいて、高校生くらいの女の子でした」

それを聞いて職員はギョッとした表情になり、こんなことを聞いた。

「その女の子って、ヒロコって名前じゃなかったですよねえ」

「そうです。ヒロコって女の子でしたけど」

「いや、そんなはずはない」と職員は言った。

「いやでも、ヒロコって名前でしたよ。彼女のおばあちゃんは……」

「宮古島のユタさんなんですよね。もうその話は聞きたくない」

そう言って職員はどこかへ行ってしまった。


あとで聞いた話だが、以前もこの公園で浮浪者の男性が暮らしていて、その時にもこの話が出たという。自分は宮古島のユタの孫で、マウガンの神様がついていると、そう言いながら暮らしている高校生がいると話していた。だがある日、忽然と消えてしまったという。だが探してもそんな女性の痕跡はなかった。その古墓でかなり昔に暮らしていた若い女性がいたが、故郷の宮古島に帰ってから、海で溺れて死んでしまったという。

「だからきっと、あなたも幻を見られたんだと、わたくしはそう結論付けました」と責任者の職員はそのように言った。

「いやでも、パンの耳とかもらいました」

「幻ですよ。忘れましょう」

そう言われて、リサさんは那覇市内のホテルに連れて行かれた。

一週間後、彼女は解放されて、パブロと暮らしていたアパートに戻った。

部屋の中は彼女が出た時と変わっていなかった。

唯一変わっていたことといえば、リサさんに新しい友達ができたことだった。

最初のうち、彼女は毎晩のようにやってきた。ベッドに眠っていると、夢の中でもリサさんはベッドに横たわっていた。やがて真っ黒い豚のような、丸々と太ったものが部屋に入ってきて、それからヒロコさんがやってくる。

「怖かったよね。ごめんね。ごめんね」とヒロコさんは謝ってばかりいた。

いいや、全然怖くないよ、とリサさんは答える。それよりあなたは大丈夫なの？　どうしてずっと公園にいるの？

「シマには帰りたくない。帰れない」とヒロコさんは夢の中で言う。「私が吸収されちゃうの」

一体何に吸収されちゃうの、とリサさんは尋ねるが相手は答えない。

そんな夢を延々と見た。それでもリサさんはなんだか嬉しかった。怖いという感覚はまったくなかった。ヒロコさんは久々にできた友達だった。生きている友達ではなかったが、友達であることに変わりはない。

それからリサさんは何度もあの公園を訪れた。だがヒロコさんにもウッチにも誰にも会えなかった。まるであの三日間だけ、空間があの世と繋がったかのように思えた。それから一年くらい、彼女はあの世への入口を探して彷徨《ほうこう》した。私はもう一度あの世界に行きたい。きっとどこかに通じる道がある。古墓の中か、廃墟の中か、洞窟の中か、それは知らないけれど、この世界は私の本来住む世界じゃないと思った。

ある時、その公園に夜中に行って、疲れたので古墓の中で眠った。するとヒロコさんが現れて、こう言った。

「パンの耳食べる?」

その言葉を聞きながら、一人じゃないということをかみしめ、彼女は眠りについた。ヒロコさんの声は聞こえるが、リサさんは目を開けたり、身体を起こすことができない。目が覚めると朝日が古墓の入口から差し込んでいた。彼女はよろよろと立ち上がり、朝日を全身に浴びながら、古墓を後にした。


やがて十年の月日が過ぎた。リサさんにはちゃんとした彼氏ができて、就職もすることができた。次第にヒロコさんの気配も記憶も、徐々に消えていった。

ある日夢を見た。ヒロコさんが古墓から嬉しそうに手を振っている夢だった。

「もう帰るね!」と彼女は言っていたという。

どこに帰るの、と聞いても答えはなかった。

たぶん、シマに帰るのね。リサさんはそう感じた。

それからヒロコさんは夢にもまったく現れることはなくなったという。

琉球奇譚　イチジャマの飛び交う家

2021年9月6日　初版第1刷発行

著者……………………………………………………………………… 小原 猛
デザイン・DTP ……………………………………… 荻窪裕司(design clopper)

発行人………………………………………………………………… 後藤明信
発行所…………………………………………………………… 株式会社 竹書房
〒102-0075　東京都千代田区三番町８－１　三番町東急ビル６F
email：info@takeshobo.co.jp
http：//www.takeshobo.co.jp
印刷所…………………………………………………………… 中央精版印刷株式会社